渋沢栄一 著　奥野宣之 編訳

抄訳 渋沢栄一『至誠と努力』

人生と仕事、そして富についての私の考え

実業之日本社

実業之日本社文庫

ブックデザイン　ソウルデザイン

『至誠と努力』の「万古不易の二字」より

「至誠」

古くから使われてきた言葉だが、どんなに時代が変わっても人間が生きていく上で輝きを失わない大切な心だ。大きくいえば国家や世界が、身近にたとえるならあなたやあなたの家族が、幸せな人生を送るために最も大切な土台となる精神である。

（至誠の二字——洵《まこと》に古き字句なるも、その意義に至っては萬古《ばんこ》尚《な》ほ新《あらた》である。
この心は實《じつ》に大にしては天下国家、小にしては一身一族の福利の源泉である）

『至誠と努力』とは――はじめにかえて

『至誠と努力』は一九一五（大正四）年、栄文館書房より出版された渋沢栄一が七五歳のときの講話録です。

当時の凡例《はんれい》（本のはじめに掲《かか》げる、その本の編集方針や利用の仕方などに関する箇条書）には、書名の由来が次のように記されています。

「先生が常に至誠を経とし努力を緯として講述せられしものゝ一大結晶なるが故に此くは命名したるなり」

（渋沢栄一先生は、常に〝至誠〟の心を横糸に、〝努力〟の精神を縦糸として人生を歩んでこられ、本書はその人生論や修養論を余すところなくお話しいただいたため『至誠と努力』というタイトルにした）

身分制度が残る江戸末期に農家の家に生まれ、幕臣となり、明治維新を経て五〇〇を超える企業の設立・経営に関わり、「日本資本主義の父」と称される存在となった渋沢栄一。激動の九一年の生涯で彼が貫いた生き方は、この「至誠と努力」の五文字に集約されているといっても過言ではないでしょう。

本書では、同じ渋沢の『論語と算盤』や福沢諭吉の『学問のすすめ』など、明治・大正期の名著の翻訳を手がけてきた作家・ライターの奥野宣之氏を編訳者に迎え、七五〇ページを超える『至誠と努力』の原書から、渋沢栄一の人生観や仕事観を中心にその人間性が凝縮された一〇四個の言葉を厳選しました。

時代の大転換期とそれに伴う逆境、困難を数多く乗り越えてきた渋沢栄一の言葉の数々が、コロナ禍で幕を開けた令和時代を生きる人たちの心を鼓舞することができれば幸いです。

令和三年二月　実業之日本社編集部

目次

1章 仕事論――頼りにされる人になるために

・渋沢流の「働き方」

・キャリアと立身出世

2章

修養論——どのように人として成長していくか

・知識と体験

・心を鍛える

3章

金銭論——カネの魔力に狂わされないために

4章

社会論——人々の暮らしを守るには

5章

発展論——日本の未来をどう切り開くか

6章 人生論——混迷の時代を生き抜く覚悟とは

（写真：埼玉県深谷市所蔵）

Profile

渋沢栄一

渋沢栄一（雅号／青淵《せいえん》）

天保一一（一八四〇）年、現在の埼玉県深谷市の血洗島の農家の家に生まれる。幼い頃から家業である藍玉の製造・販売・養蚕を手伝う一方で、父・市郎右衛門から学問の手ほどきを受ける。七歳になると従兄の尾高惇忠《じゅんちゅう》のもとへ『論語』などの漢籍をはじめとする学問を習いに通う。

二〇代で尊王攘夷思想の影響を受け、倒幕思想を抱き、惇忠らと高崎城乗っ取りを計画。しかし惇忠の弟・長七郎は京都での見聞からこれに反対、計画は中止に。その後、従兄の渋沢喜作とともに京都へ向かい、一橋（徳川）慶喜に仕官。一橋家で実力を発揮し、二七歳のとき、慶喜の弟・徳川昭武に随行し、パリ万国博覧会を見学し、欧州諸国の実情に触れる。

明治維新となって帰国すると、日本で最初の合本（株式）組織「商法会所」を静岡に設立。その後、明治政府の大蔵省に仕官。

大蔵省退官後、一民間経済人として株式会社組織による企業の創設・育成に力を入れるとともに「道徳経済合一説」を唱え、第一国立銀行（現・みずほ銀行）ほか、東京瓦斯《がす》、東京海上火災保険（現・東京海上日動火災保険）、王子製紙（現・王子製紙、日本製紙）、日本鉄道（現・JR東日本）、秩父セメント（現・太平洋セメント）、帝国ホテル、秩父鉄道、京阪電気鉄道、東京証券取引所、麒麟麦酒（現・キリンホールディングス）、札幌麦酒（現・サッポロホールディングス）、東洋紡績（現・東洋紡）、大日本製糖、明治製糖、澁澤倉庫など、多種多様の企業の設立や運営に関わり、その数は五〇〇以上といわれている。

また、社会活動に熱心で、東京市からの要請で養育院（現在の東京都健康長寿医療センター）の院長を務めたほか、東京慈恵会、日本赤十字社、癩《らい》予防協会の設立などに携わり、財団法人聖路加国際病院初代理事長など、約六〇〇もの社会公共事業、福祉・教育機関の支援と民間外交にも熱心に取り組み、数々の功績を残した。

昭和六（一九三一）年、九一年の生涯を閉じる。

仕事論

1章

頼りにされる人になるために

この章では、仕事上の心得や立身出世に関わる渋沢の言葉を取り上げました。

五〇〇社もの企業にかかわった大実業家・渋沢ですから、「夢や希望といった大きな話ばかりなのではないか」「組織の末端で働く人の気持ちはわからないのでは?」と心配する読者もいるかもしれません。

しかし、意外なことに渋沢の視線は低い。本章には「日本一の草履取りになれ」という言葉も出てきますが、彼はどこまでも地に足の着いたリアリストなのです。

　さて、話は就職や転職に当たるときの考え方から作業のコツ、そして忙しい中での気分転換といった、こまごましたことに及びます。官僚時代の苦労話（寝てない自慢）まで披露してくれるのはなかなかのサービス精神と言えるでしょう。

　では、これほどの大人物でありながら「虫の目」で仕事を語ることができるのか？

　本章を読めばわかるように、渋沢はマネジャーである以前に生涯現役のプレイヤーだったからでしょう。

「こんな働き方でいいのだろうか？」

「もっとチャンスが与えられればいいのに」

「今の会社では自分の将来が描けない」

　このような悩みを持つ人に、ぜひ読んでほしい言葉です。

大きな仕事をしよう

01

遠慮はいらない

男としてこの世に生まれた以上は、
その体力が及ぶ限り、
その能力が働く限り、
その事情の許す限り、
できるだけ多くの大きな仕事をする――。
これに何の問題があるか。
自分のためにも社会のためにも、
もっと大きな功績を残そう！
こういうのが本来の志というものだ。

「僕のような人間では……」とか
「自分に合う場所で細々とやっていきます」とか、
消極的で悲観的な若者はダメだ。

昔の漢学書には

「青雲の志を抱いて登竜の門を望む」※
という常套句《じょうとうく》があったが、
今の若者もこれくらいの気持ちがないといけない。

社会は秩序だった上に、
今の世は昔と違っておかしな階級制度もなくなった。
自分の能力次第で、
百姓の子供も政府の中枢で国を動かすことができるのだから、
つまらん遠慮はいらない。

「有名になりたい」「出世したい」なんていうのは
若者の夢ではない。
もっと大きな抱負を持って、
勇敢に邁進《まいしん》すべきなのだ。

※青雲の志を抱いて登龍の門を望む……高い向上心で困難に立ち向かう

大きな仕事をしよう

02

「日本一の草履取り」になれ

「自分はもっと大きな仕事ができる人間だ」という自信があるとしよう。

しかし、その大きな仕事だって、ちまちました小さな仕事が積もり積もって出来上がるものなのだ。

だから、どんな状況でも仕事を軽んじず、勤勉・忠実に、誠意を込めて、目の前の仕事を完全にやり遂げるようにしなければならない。

豊臣秀吉が織田信長から重用された理由も、

まさにこれだった。
草履《ぞうり》取りのときは草履取りの仕事を全力でやり、
兵の一部を与えられたときは
リーダーの任務を完全にやり遂げた。
だから彼はその仕事ぶりに感心した信長から大抜擢され、
※柴田勝家や丹羽長秀に肩を並べるくらいまで
出世することができたのだ。

※柴田勝家、丹羽長秀……武功にすぐれた織田家の重臣

03

自ら箸をとれ

もし立派な手腕と優れた頭脳を持つ若者がいたなら、
親類縁者の助けや知人のコネがなくても、
世間が放っておかないだろう。

今の世の中は人が多くて、
役所や会社、銀行にも人が余っているくらいだが、
先輩が「この人なら大丈夫」と
安心して任せられる人となると、少ない。
つまり、どこであろうと優良な人物なら
いくらでも欲しがっている。

このように社会は「お膳立て」をして待っているわけだが、

これを食べるかどうかは箸をとる人にかかっている。
先輩や世間というのは、
ごちそうを並べた上、口に運んであげるほど暇ではない。
あの木下藤吉郎（豊臣秀吉）も最底辺から出世して
「関白」という大きなごちそうを食べた。
しかし、彼は信長に食べさせてもらったのではない。
自分で箸をとって食べたのだ。

04

自分を軽んじるな

私を頼ってやってくる若者の中に
「なんでもやるので働かせて下さい」と言う者がいる。
乞食《こじき》や老人ならともかく、
気力体力も充実している若者なのに、そんなことを口にする。
こういう腰抜けはダメだ。
人には多かれ少なかれ、
「自分の考え」というのがないといけない。
これから何かをしようというのに、
ちゃんとした考えも方針もない人間がいったい何になる？

そんなことを口にするのは、自分の人格を貶《おとし》めるのに等しい。
プライドがないにもほどがある、と言うべきだ。
自分を軽んじて平気な人に、いったい何が言えるというのか。

仕事そのものに忠実であれ

月給が少ないからこれだけの仕事しかしないとか、
ボーナスをくれないから働かないとかいうのはダメだ。
これは報酬に忠実ではあるが、仕事に対する誠意が欠けている。

商売でも同じであって
「これは儲けが少ないから」という場合でも、
いいかげんに扱ってはいけない。
利益の少ない商品ならば、
できるだけ数を売ろうと努力するべきだ。

月給取りなら、
雇い主が給料アップをせざるを得ないくらい
心を込めて働かねばならない。

06

スランプを乗り越えろ

学校では秀才とか優等生とか言われて
社会に出てくる若者がいる。
あまり仲間から賞賛されるものだから、
「自分は必ず他人よりずっと出世して、
望む地位まですぐ昇っていける」
という考えを抱いている。

でも、実際に仕事をしてみると
思い通りにならなかったりする。
就職後はまったく名前を聞かなくなって
「あの人は今？」みたいになってしまう。

しかし、こういう状態こそ、
現実社会を生きるための「学びの時代」なのだ。
例えるなら、谷に入って森林の中を徘徊している状態である。
もし、この期間に志を変えず、
力を落とさないまま猛進するなら、
やがて誰もが思いもしないような場所にたどり着く。
「よく頑張った、すごい!」
と言われるときが、きっと来るだろう。

07

いつでも全集中

人に接するときは、
どんなに大きな要件でも、
あるいは小さな相談だろうと、
すべてきちんと対処する。
ほかのことは一切考えないで、
フルパワーで精神を傾ける。
このように自分を鍛えていった方がいいと私は思っている。

その結果、物事が上手くいくか否かは
その人の腕にかかっている。
だが、少なくともその人が得られる中で
もっともいい成果を上げられるはずだ。

あとから振り返っても、
やましいところが一点もないから、
精神上も安らかでゆったりした気分でいられる。

前のことを頭で考えながら次のことをやるのは、
まるで人の話を聞きながら本を読んでいるようなものだ。
どちらもわからなくなってしまう。

08

マルチタスクは上手くいかない

若い頃、
二つの仕事を同時にやろうと試してみたこともあった。

かつて大蔵省で役人をしていたときのこと。
大急ぎでやらねばならない評議書があって、
必死でそれを読んでいるところに、
井上※さんが、鉄道事業の引き合いで本庁にやってきた。

私は急いで評議書を読みながら、
井上さんの話を聞いた。

すると井上さんは、

「冗談で言ってるんじゃない。

真面目に聞いてくれないと困る！」

とものすごく怒ってきた。


「目と耳は別ですから」

こう返したら、

「とんでもないことを言うやつだ！」

と言われた。

こんなことがあったけれど、
実際、そんなこと人間には不可能なのだ。

※井上さん……元長州藩士で政治家の井上馨《かおる》

実務とスキルアップ

09

小さな仕事でも手を抜くな

与えられた仕事に不平を言って
辞めてしまう人はもちろんダメだが、
「つまらん仕事だ」と軽く見て、
手抜きをする人もまたダメだ。

だいたい、どんな小さな仕事であろうと
大きな仕事の一部分となっている。
これが満足にできていないと結果が狂ってくるのだ。
時計の小さい針や小さな歯車が怠けて働かなかったら、
大きな針が動かなくなってしまうのと同じだ。

何百億という単位のお金を扱う銀行であろうと、
一円、一〇円の計算を間違えたら、
その日の帳簿が合わなくなってしまう。

渋沢流の「働き方」

10

「楽しむ」が最強

孔子の言葉に
「これを知る者はこれを好む者に如《し》かず。
これを好む者はこれを楽しむ者に如かず
（ただできるだけの人は、好きでやる人にかなわない。
好きでやる人は、楽しんでやる人にかなわない）」
というのがある。

私はきっとこれが「趣味」の極致だと考える。
だから、どうぞ商業でも教育でも、
充分な趣味を持ってほしい。
そして、いわゆる「好む以上に楽しむ」
というレベルに達するまで、
その事業を進めてほしいと望んでいる。

11

仕事に〝趣味〟を持て

「趣味を持って物事に当たる」とは、
自分の気持ちをどんどん出していく、ということだ。

「この仕事はもっとこうしてみたい、
あんなことをやってみたい」
「こうなったから、
これをこうすればこうなるだろう」

こんな具合に、
さまざまな理想・欲望をそこに加えてやっていく。
これで初めて「趣味を持った」ということになる。《略》

ぜひ人は、それぞれの仕事の領域において、
すべてこの趣味を持って力を尽くしてほしいと思う。
もし、一人前の趣味を持つことができ、
この世界でその趣味に向かって
まっすぐ進んでいくことができたなら、
世の中に相応の御利益がもたらされるだろう。

そこまでいかなくても、
趣味のある行動であったなら、
その仕事に当たるとき
必ず魂のこもった働きをすることができるはずだ。

渋沢流の「働き方」

12

「気を転じる」ことの効用

何か気になること、
心配なことなどがあって、
ずっと解決しないために深くとらわれて考え込む——。
こういうのは、ただ上手くいかないだけでなく、
たいへん体力をすり減らす行為だ。

こういうときは、心機一転して、
まったく違った世界のことを考えるのがいい。
たとえば、銀行事業の相談に乗った次は教育、
工業の話のあとは慈善事業というふうに、
ぜんぜん違った問題を考えるのだ。

ただし、当初の問題の解決がつくまで、
その内容自体を完全に忘れ去ってはいけない。

長唄[※]を歌うとか、一中節を語るとかいったことも、
娯楽だから、精神を休養させるのにはとても有効だが、
そのあいだは仕事をする時間が減ってしまうことになる。

なんだか慌ただしいような気もするが、
仕事中に別の仕事で気分を転換し、
精神を休めることができるなら、さらに有益だ。

※長唄、一中節……江戸時代の三味線歌曲

13

睡眠不足など笑わせる

忘れもしない。
大蔵省に勤めていた三一歳のとき、
三日三晩まったく眠らずに仕事をしたことがあった。

各局とともに何十条もある条文を、
しかも、せっかちな井上（馨《かおる》）さんの監督下で
やり遂げねばならない。
彼が「三日間でやれ」と命令した以上、
もし半日でも遅れようなら
目から火が出るほど小言を言われる。
なにがなんでも期間内に
仕上げねばならぬ羽目になったのである。

ところが、一緒にその仕事に取りかかった連中は、
二晩目になってことごとく降参してしまった。
それでも私は痩せ我慢を押し通して、
三日三晩、まんじりともせず働き通した。
そして翌日になっても特に疲労は感じなかった。

今は歳のせいでとてもあの頃のようなマネはできない。
だが、一晩くらいの徹夜ならまだ平気だ。
睡眠不足だとかなんとか言って、
若い人たちが顔をしかめているのを見ると、
可笑しくってたまらない。

14

まだ若者には負けない

私はもちろん今や老いぼれて、老人と言われている。
しかし、元気においては若者に劣るとは限らない。
そんなつもりでいる。

昔から肉体労働や運動などはしていないけれど、
できるだけ身体は動かしている。
必要とあらば演壇に立ってしゃべったりもする。
夜も一二時より前に寝ることはない。
だいたい夜の九時から一〇時ごろに帰宅して、
それからなるべく新聞や雑誌のたぐいにひととおり目を通す。
この間に演説の原稿を修正したりもする。

15

活躍の場を求めて飛び出せ

私の願いは「適材適所」に尽きる。
適材を適所に置いて、何らかの成果を上げることは、
その人が国家や社会に貢献する一番の道である。
また、それはやがて私自身の世間への貢献へとつながっていく。

陰険なやり方で人を惨めな立場に追いやり、
思いのまま動く子分として飼い殺す――。
私はそんな罪なことは決してしない。

社会における人の活動は自由でなければならない。
渋沢のもとにいて「舞台が狭い」というのであれば、
即座に渋沢とたもとを分かてばいい。
自由自在に、限りなく広い大舞台に乗り出し、
思うがまま全力の働きを見せてほしい。

キャリアと立身出世

16

自分の能力を見極めろ

人の才能というのは千差万別だ。
必ずしもすべての人が
「××に向いている」と言えるわけではない。

人それぞれ顔が違うようなものだ。
ある人は軍人に向いている、ある人は法律家、
またある人は美術家、農家、商工業者といった具合に、
才能は異なっている。

だから、各自がその天性に応じて
国家や社会のために貢献せねばならない。
みんながそれぞれの得意分野を発達させるのだ。

つまり、自分の希望、才能・能力に応じて仕事を選び、その方針に従って力を尽くすべきだ。

いったん自分の進む道を決めた以上は、少しくらいは周囲の事情に迷わされることなく、粉骨砕身《ふんこつさいしん》し、それぞれの分野の進歩と発展のために努力する。これがもっとも大切だ。

キャリアと
立身出世

17

道をコロコロ変えるな

私はいつも若者には
「なるべく自分の立ち位置を変えないように」
と言っている。

昨日は政治家、今日は教育家、
明日は実業家というふうに
仕事をコロコロ変えるのは、
自分のためにならないのはもちろん、
国家や社会にもいい結果をもたらさない。
これは強調しておきたい。

しかし、人はどんな場合でも

絶対に進路を変えてはいけないというわけではない。
もちろん、個人の考え方によっては、
他にどうしようもなくて、
変化を余儀なくされることもあるだろう。

ただしそんな場合でも、
まず道義に基づいているかを考えてほしい。
自分の考えを整理し、周囲の事情とよく照らし合わせ、
本当に「これでいい」と確信を持ってから断行すべきだ。

形勢をむやみにうかがって進退に迷うような状態は、
下手な釣り人が、
竿を降ろす場所をのべつ幕なしに変えるようなものだ。

18

死ぬまで働く

欧米では、老人が死ぬまで働くケースは珍しくない。
イギリスのグラッドストン氏にドイツのビスマルク氏、
あるいはコッホ博士、イギリスのブース大将といった人々が、
死ぬまでその仕事に尽力した。

また、昨年亡くなったアメリカのモルガン氏も、
七八歳まで働いたし、
同じ米国のカーネギー氏、
ロックフェラー氏、
ジェームス・ヒル氏なんかも、
みんな七五、六の老人なのに
今も大いに働いて大富豪としてすべきことをやっている。

日本においては私程度でも人の目に付くようだが、
こんなのは欧米では普通であって、日常茶飯事なのだ。

お金持ちだから隠居してもいい、なんて考えるのは大間違いだ。
人として世の中で生きる以上、
それ相応の働きをしないと存在価値がなくなってしまう。
それは言ってしまえば肉の塊と変わりない。
私は昔からこういう考えを持っている。

19

楽隠居なんてやめておけ

老人になってボンヤリ暮らしていれば、
いかにも体が休まっていいと思うかもしれない。
しかし、実際のところ老人になってから
頭を使わない暮らしを始めてしまうとどうなるか。
健康になるどころか逆にすぐ衰えてしまうのだ。

現代は違うが、
昔はまだまだ社会的活動のできる
余命と健康を持っているのに、
早めに子供に家督を譲るケースがあった。
楽隠居の身となって、
悠々自適に自由な時間を楽しもう、

というのが普通に行われていたのだ。

こういう暮らしをしていれば、
ストレスが少ないのには違いない。
だが、こういう人は果たして
健康で長生きしたのかといえば、事実は正反対だ。

楽隠居した人は、早く死ぬケースが多い。
自ら社会の前線で活躍していた頃は、
身体も健康で元気も満ちあふれていたが、
子供に後を継がせた途端、ガックリ弱ってしまった――。
そんな例は現代でも田舎にはたくさんある。

キャリアと
立身出世

20

人を惹きつける人であれ

いくら自分を高め英気を養っていても、
その能力が誰からも発見されない、
といったケースもときにはある。《略》
だから、自分を確立すると同時に、
一方で大いに「伯楽」を吸いつける力も養ってほしい。

ただ他人が吸いつけてくれるのを待つ鉄のカケラではなく、
こちらからすごい力で吸いつける——。
そんな磁石にならなくてはならない。

これも結局のところ自らの実行と実働にかかっている。
実行・実働の若者なら
「仕事がなくて困る」なんてこともなければ、
社会の中で上手くいかないこともありえない。

修養論

2章

どのように人として成長していくか

仕事論に続いて、この二章では「修養」にまつわる言葉を集めました。

最近はあまりなじみのない言葉ですが、修養とは「精神を練磨し、優れた人格を形成するようにつとめること（広辞苑）」という意味です。かつては「人格陶冶《とうや》」といった言葉もよく目にしました。簡単に言えば「立派な人間になる」でしょうか。

もちろん修養とは資格試験のようなものではありません。

「私は修養を終えた素晴らしい人格者です」なんて人はどこにもいないわけで、修養とは永久のテーマであり、ゴールのないマラソンです。

修養とは、結果ではなく過程がすべて。欠点だらけの人間が少しでも人格を磨こうとする。その姿が尊いわけです。

さて、この章の渋沢は、明治以来の学校教育を称賛しつつも一部で批判的です。なぜなら知識を詰め込むばかりで、精神教育を放ったらかしにしているから。

立派な校舎とカリキュラムだけではダメなのではないか。頭でっかちで役に立たない偽物のエリートを作るだけでは？

「寺子屋世代」の渋沢には、そう見えるようです。

知力や能力を高めるだけでなく、勇気と慈愛を兼ね備えた人物になるにはどうすればいいのか？

この章にはそんなヒントが詰まっています。

知識と体験

21

地図と実地じゃ大違い

学問と社会の関係は、例えるなら地図を見るときと実際に歩くときの違いのようなものだ。

地図を開いてじっくり見れば、世界はひと目で見渡せる。ひとつの国や都市も、指の間隔くらい。《略》小川や小さな家から土地の高低差や傾斜もパッと見てわかるようにできている。

それでも現実と比べると予想外のことが多い。このことを深く考えず、よくわかっているつもりで実際に歩き出すと、右も左もわからず迷ってしまうのだ。

山は高いし谷は深い。

森林は連なり、川の向こう岸はずっと離れている。
それでも道を求めて進んでいくと、
高い山が出て来て、いくら登っても頂上に着かない。
または、大きな川に行く手を阻まれて途方にくれたり、
道路がぐねぐねしていてなかなか前に進まなかったりする。
深い谷に入って、
「ここから出られるのか?」とヒヤヒヤしたりもする。
つまり、いたるところで難所を見つけることになる。

もしこのとき、じゅうぶんな信念がなく、
大局を見る目がなければどうなるか。
ガッカリして諦めてしまい、
勇気も湧いてこず、自暴自棄に陥る。
あてずっぽうに歩き回っているうちに、
不幸な結果になるだろう。

知識と体験

22

経験をバカにするな

最近の若者は何かと老人をバカにする。
「学問的じゃない」とか言って、その経験を聞こうともしない。

しかし、長い歴史上の出来事や習慣、
または経験が生み出したことは非常に貴重なものであり、
尊重しなければならないのだ。

なるほど、
学校で数年かけてやった研究というのは、なかなかものだろう。
だが、さらに絶えず熱心に研究し、
学問に経験を加えたらどうか。
いわゆる「鬼に金棒」であって、上手くいくこと間違いなしだ。

23

大将ばかりで社会は回らない

こんにちの教育も、そして若者の希望進路も、学校の制度も、
「大将」ばかりをむやみに作ろうとしているのではないか。
「高等遊民」なんていうのが出てくるのも、
教育制度の結果だろう。

もう少し、下の方から仕上げていくようにせねばならない。
職工学校とか徒弟学校とかいった
中級の実業学校がもっとたくさんできて、
子供たちがそこで学びたがるようにしなければ。

そこからでも偉い生徒はやはり偉くなる。
いや、偉くならなくてもいい。
その能力に応じて、たとえば包丁やまな板のような
役割をする人がいなければならないのだ。

知識と体験

24

能力や適性に合った学問を

学校が生徒の能力や
その親の資力などを詳しく調べてから、
「この子にはこの学問をさせた方がいい」と指導する——。
こんなことは到底できないとおっしゃるだろう。
だが、今の教育はこれとすっかり正反対で、
猫でも杓子でも同じ教育を受けさせる、
といった仕組みになってしまっている。
学ぶ側も、自分の能力や資力を考えず、
ただ学歴を求めるだけ。
こういうのがこんにちの風潮となっている。

そんなことをしているうちに

大きな弊害が生まれる。
学んではみたものの、就職が決まらず、
そのうちノイローゼになったり……。
こういうケースはしょっちゅう聞くのである。

知識と体験

25

担任からの手紙

帝国大学に籍を置いている息子がまだ小学生だった頃、
担任の先生からお叱りを受けたことがある。

「男爵、あなたがどれだけ日本のために
活動しておられるかはよくわかっています。
しかし、もう少しお子様の将来に気を配ってもいいのでは？
また、それが親として当然の務めではないでしょうか」

切実な筆跡だったので、
非常に恐縮してさっそくお詫びの手紙を送ったのだった。

それ以後、子供のしつけ方ということだけは脳裏を離れなくなった。
ただ、だからといってその手段や方法といったことまで気を配ることはできなかった。

それにしても、
世の中にはたいへん多忙な仕事をしている方々がいる。
彼らが私とおなじ轍を踏みはしないか、少し心配だ。

知識と体験

26

卒業後に真の勉強が始まる

学校を出た後でも研究を怠らない若者は、
いっときは思い通りにならないことがあっても、
そのうち必ず上手くいくようになる。

たとえ学校の成績が悪くても、
世の中に出てから絶えず情熱と勉強の心がけを
失わないようにする――。

こういう人は、世の中に出て怠け癖がついてしまい
向上心を失くした学校秀才なんかとは
まったく比べ物にならない。
いってしまえば学校で学ぶことは
社会に出てから現実に応用していくための
準備に過ぎないのだ。

27

教育が元気を奪う？

私が若者と共に注意しておきたいのは次のようなことだ。
こんにちの教育は、
知恵をつけることにおいては上手くいっている。
しかし、若者をさらに元気にするという点では、
はたして上手くいっているのだろうか。

もちろん教育が元気を奪うなんてことはないだろう。
けれども、私の見る限り、
こんにちの若い人々は、
おしなべて知恵には長《た》けているけれど、
情熱やひたむきさに乏しい、といった面があるのだ。

28

幕末の若者が懐かしい？

昔の漢学生は負けん気が強くて、
「※衣は骭《かん》に至り袖《そで》腕に至る。
腰間《ようかん》の秋水《しゅうすい》鉄をも断つべし」
という感じだった。
そして、いつも汚くてボロボロな服を着ていた。

だから大声で歌いながら大通りを闊歩《かっぽ》しても
世間の人は、あれこれ言わなかった。
そして、ときには天ぷら屋に入ったり、
人ごみの中で傍若無人に振る舞ったり、
ヒドイのになると飲み食いしたカネを踏み倒したりと、
実はかなりヤバい連中だった。

これに反して今の若者は、
すごく従順・温和で、暴力的な言動も少ない。
そのかわり、やや軟弱な面がある。
ひどいときは軽薄で女にだらしないとまで
叩かれるようになった。

しかし、この批判も行き過ぎると、
過激なだけの人間になってしまい、
逆方向の修養が必要だという話になる。
じゅうぶん注意してほしい。

※衣は骭に至り袖腕に至る。腰間の秋水鉄をも断つべし……豪胆で向う見ず、
血気盛んな様子

心を鍛える

29

精神の鍛練法

勇気の修養においては、
肉体のトレーニングと同時に
「心の中の修養」も忘れないようにしなければならない。

歴史の本を読み、英雄の言葉や行動に感化されて、
お手本にするのもいい。
また年長者に憧れて、その話を聞き、
普段から自分でもやってみる習慣をつけるのもいいだろう。

一歩一歩、精神を鍛え上げ、
正義について自らの考えに裏付けられた信念を持って、
自ら進んで「義」のために行動するようになれば、

勇気は自然と湧いてくるものだ。

ただし、くれぐれも
若さゆえの血気に逸《はや》らないように注意してほしい。
前か後ろかもわからないまま血気を盛んにし、
勇気を間違った方向に向けて
暴力的な言動をしてはならない。

品性がないと勇気というより
「野卑」「狂暴」になってしまい、
社会の害悪となるだけでなく
最終的に自滅の道につながってしまう。

30

智育も徳育も

現代の教育は、
智育と徳育とのバランスを失っている。
つまり、智育はおおむね進歩し、
その成果も目を見張るものがある。
一方、徳育の方はまったく振るわない。
これは現代の教育における大きな欠陥だ。
まずは政治家や教育者が考えなければならない問題だが、
一般国民も気にかけておく必要がある。

31

知識だけではダメだ

知恵を磨くために
各種の学問を修めたりすることが大切なのは論をまたない。

しかし、ただ学問を修めるだけで終わってしまい、
知恵だけは余りあるけれども、
精神の修養が足りなくて
人格の低い人であったならどうだろう？

自分の身ですら完全に修められないだけではない。
現代に求められているような、
国家や社会の役に立てる人になるのは、
ほとんど不可能だろう。

心を鍛える

32

常に人格を高めろ

人の一生はずっといい天気が続くわけではない。
雨も降れば風も吹くのだ。
そういうとき、よこしまな考えがよぎったり、
誘惑に流されたりしがちだから、
人は常にその人格を高めることを心がけておかねばならない。

人格を高めるには、
自分の置かれた立場をよく鑑みて
「こういうときにはこうしよう」
「ああなったらアレで行こう」
という具合に、あらかじめ考えておくことだ。
とっさのケースでも道理に合うか・合わないか、
常に注意しておくことが大切だと思う。

33

修養は不可欠

修養は土人形をつくるようなものではない。

そうではなく自分の「良知」を増し、
生命を輝かせるような行為なのだ。

修養を積めば積むほど、
その人は何事に対しても、どんな状況でも、
善悪がハッキリわかるようになってくる。
だから取捨・去就についても迷うことがなく、
しかもその判断が流れるようにできるようになってくるのだ。

修養が人間を窮屈なルールに閉じ込めて
何も考えないようにしてしまう、というのは大きな誤解だ。
言ってしまえば、修養は人の智を増すために必要なのだ。

34

不断のトレーニングを

ほんとうに偉大な人格になってくると、
その感情や良心はいつでも合理的で、
どんな状況でも上手く対処できるものだ。

しかし、小人と言われるような人は、
常になんらか一方に偏っている。
その結果、的外れなことをやって、失敗を重ねてしまう。

だからどんな人でも、
毎日ちょっとのあいだでも
油断せずに修養していかねばならないのだ。

35

知能を活かす体力を

どれだけ体力があっても、
知能が優秀でなければ、
せっかくの力も役に立たず、無駄になる。

しかし、強健な体力があるところには
健全な精神が宿るのは生理的な原則であって、
強い体力がなければ非凡な才能も発揮することができない。
体力がいかに大切かは言うまでもない。

体を鍛える

36

まずは肉体から

正義感でいっぱいの猛進は、
非常に力強くて勢いがある。
では、その正義を行うための勇気というのは
どうやって養えばいいのか。

普段から意識して肉体の鍛錬をすることだ。

たとえば武術の修行や下腹部の鍛錬などがいい。
武術は体を丈夫にするだけでなく、
精神も磨くことができる。
その結果、
心身が一致した行動につながり、
自信も出てきて、

自ずと勇猛心が湧き上がってくるようになる。

下腹部の鍛錬もいい。
近頃は腹式呼吸法とか正座法、
息身調和法とかいって流行っているが、
人間というのは脳に血が偏りやすいもので、
そうなると神経がピリピリして物事に動じやすくなる。
しかし、下腹部に力を込める習慣を身につければ、
心がゆったりとし、
体もリラックスして落ち着きが出てくる。
その結果、勇気のある人になれる。

体を鍛える

37

体も精神も鍛えろ

普通の人なら仕方ないことではあるが、
知力を養うのに追われた結果、
徳を高めるのがおろそかになったり、
意志力が薄弱になったりすることがよくある。

こういった弱点から、
いつの間にか軽薄に陥って、
うわべを飾るようになり、
いわゆる「小才子《こざいし》」となってしまう。

目の前の仕事は上手くやるのだけど、
大きな目標を見失ってしまい、

そのうち体まで不健康になったりする。

きっと小さな成功に満足するから、
自然と活気が乏しくなり、
剛毅・勇敢といった気持ちを失ってしまうのだ。

これは人情として仕方ない面もある。
しかし、私は現代の若者に望みたい。
ぜひ知力を高めるだけでなく、
体力や道徳も一緒に養っていくことを。
この三つが調和した人になってもらわねばならない。

38

道を踏み外さないために

明治になって初めの頃は世の中が騒がしかった。
私たちもあちこち飛び回っていたので
書物どころの話ではなく、
『論語』もしばらく見ていなかった。
しかし、明治六年から銀行業に携わるようになって、
「何か、自分自身の舵を取るための指針が必要なのでは」
と考えているうち、
『論語』のことを思い出した。
それから四〇年あまり、
私は常にこの『論語』を愛読してきた。

次のように考えたからだ。

商人というのはごくわずかな利益を争うものだ。
賢者でさえ利益に目がくらんで一歩間違い、
そのうち道を踏み外してしまうことがあるというのに、
商人ならなおさらだろう。
このままでは危険だ。
俗世間に揉まれて、
身を誤らずにやっていくには、
頼りとできるルールやお手本を持っておかねば、と。

39

『論語』で一生を貫く！

友人の※玉乃世履《たまのよふみ》は、
私の辞職を喧嘩したからだと早合点し
「間違っている」と非難した。

「君はそのうち長官になり、大臣になれる。
お互い官僚として国家のために尽くすべき身だ。
それなのにカネなんかに目がくらんで、
官を捨てて商売人になるとは、じつに呆れた。
君がそんな人間だったなんて、今まで知らなかった！」

そのとき、私は『論語』を引き合いに出して
玉乃に反論し、説得した。

※趙普《ちょうふ》が『論語』を読み解きながら宰相を助け、
自らを修めた話などを挙げて、こう言ったのだ。

「私は『論語』で一生を貫いて見せる。
金銭を扱うことのどこが下品だというのか？
君のように金銭を蔑《さげす》んでいるようでは、国家は成立しない。
官僚のトップだとか、爵位が高いとかいうのは、
そんなに尊いことじゃない。
人間のやるべき尊い仕事は、いたるところにあるんだ！」

※玉乃世履……岩国藩（現在の山口県）出身の司法官僚
※趙普……中国・北宋の重臣

40

欠点が少ない教訓

『論語』には、自分自身を修め
人と交流するための日常の教えが書かれている。
『論語』はもっとも欠点の少ない教訓だから、
これを商売の指針にできるのではないか？
さらに私は、『論語』の教訓に従って商売し、
カネ儲けをすることもできると考えたのだ。

41

孔子はさばけた人

昔ながらの漢学者は、
やかましい玄関番のようなもので、
孔子先生にとっては邪魔者だ。
こんな連中を頼りにしていては、
先生のお目にかかることはできない。

孔子先生は、
決して難し屋ではなく、
案外、さばけた方なのである。
商人でも農民でも、誰でも会ってくれる。
先生の教えは実用的で身近なことなのだ。

金銭論

3章

カネの魔力に狂わされないために

本章で取り上げるのはカネの問題です。いわゆる貨幣に限らず、土地や家、有価証券といった資産すべてをひっくるめて「金銭」と扱っています。

そして、渋沢の思想の中でもっともユニークなのが、この金銭に対する見方なのです。

そのエッセンスは「『論語』と算盤」の言葉に集約されます。言い換えれば「仁義道徳とカネ儲けの一致」です。

両者は普通、トレードオフの関係だと思われています。実業家としてガンガンお金を稼ぐには、ある程度に正義や倫理に反することをせざるを得ない。反対に、人として公明正大な道を選ぶなら、多少カネに苦労するのはやむを得ない。現代でもこういうイメージがあるでしょう。

ところが、渋沢は道徳とカネ儲けは両立可能どころか、表裏一体であると断言するのです。つまり、

「道理にかなった商売をするからカネを稼ぐことができる」
「カネがあるから人や社会に貢献することができる」

というわけです。

「道徳なんてキレイごとだ」とか「カネ儲けは汚い」とかいった単純なものの見方を乗り越え、両者をなんとか撚り合わせていく。そうすれば、世の中はもっとよくなる――。

渋沢のメッセージは経済社会の一員たる私たち、ひとりひとりに鋭く迫ります。

資本主義
と道徳

42

カネ儲けと仁義道徳とは一致する

孟子[※]は
「カネ儲けと仁義道徳とは一致するものである」
と言った。

だが、その後の学者がこの二つを引き離してしまったのだ。

「仁義をなせば富貴から遠ざかる」

「富貴になれば仁義から遠ざかる」

とされてしまった。

その結果、商人はバカにされ、
商売なんて一人前の男がやるべきことではない、とされた。
商人の側も心がねじくれて、

拝金主義の一点張りとなってしまった。

こういうことがあったせいで経済の進歩は何十年、
いや何百年遅れたのだろうか。
こんな風潮はだんだんなくなりつつあるものの、
まだ足りない。

カネ儲けと仁義の道が
一致するものであることを知ってほしい。
私は『論語』とソロバンとを持って、
このことを教えているつもりではあるが。

※孟子……中国・戦国時代の思想家。孔子の教えを引き継いだ

資本主義と道徳

43

道徳は常にひとつ

英語新聞の記者から
「商業道徳」について意見を求められたことがある。
商業道徳とは一体どういう意味なのか。
商業だけの道徳なんてものがあるわけがない。

おそらくこの記者は
「商売人はある程度、
普通の人よりズルをするものだ」
といった昔ながらのイメージ、
つまり商人蔑視の感覚で言ったに違いない。
もし特別な「商業道徳」があるなら、
政治道徳・学者道徳・教育道徳もなければならない。

そんなバカな話があるか。

もちろん商人は信用を重んじなければならないわけで、ある面では一般的な道徳と共通するに違いない。しかし、商人だけに適用される道徳なんてものはないのだ。

資本主義と道徳

44

仁義道徳こそ安全弁

旧時代のように、生産や利殖を最小限にすれば、
弊害は少なくなるかもしれない。
しかし、それでは国が豊かにならず、
進歩も止まってしまう。

どこまでも富を進め、富を擁護しながら、
結果として罪悪の伴わない真正な富を築こうと思ったら、
どうしても守るべきひとつの主義を持たねばならない。
それはすなわち、
私がいつも言っている「仁義道徳」である。

仁義道徳と生産利殖とは決して矛盾しない。

だから、この根本的な理論をハッキリさせ、

「こうすれば道を踏み外さない」

ということをじゅうぶんに研究しよう。

その上で、私たちはびくびくせず進んでいけばいい。

これができれば互いに腐敗・堕落に陥るといったことはない。
国家的にも個人的にも、
正しいやり方で富を増やしていくことができると信じている。

資本主義と道徳

45

経済なくして道徳なし

孔子は切実に道徳を語っているけれど、
同時に経済にも相当の関心を持っていたと思う。

『論語』の中に、ちらほら出てくるが、
とくに『大学』では、
生計や財産についての正しい道が説かれている。

世の中のリーダーになって政治を行うには、
政務活動費はもちろん、国民の衣食住の問題も出てくる。
つまり金銭と無関係ではいられない。

一方で、国を統治し、
人心を安らかにするためには道徳が必要になる。
だから道徳と経済を調和させなければならないのだ。

資本主義と道徳

46

基本は公益性

富を築くための方法や手段は、
第一に公益を旨としなければならない。
人を虐《しいた》げるとか、害を与える、欺《あざむ》く、
あるいは嘘をつくといったことがあってはならない。

そうして各自が、その事業に従って頭脳と心を尽くし、
道理に外れないようにしながら富を増していく。
これならば、どれだけ社会が発展していっても、
互いに奪い合ったり、足を引っぱり合ったり、
といったことは起こらないだろう。

真正な富はこうして初めて得られるものであり、
継続できるものである。

欲望の
コントロール

47

欲望と安心

どうしても人が生きていくには、
「欲望」がなくてはならない。

つまり、人がイキイキしているとか、
栄達を望むとかいうのは、
いわゆる「欲望の表れ」であって、
それにより、はじめて
向上心というものが生まれる。
いつの時代も、
そうやって人は成長し、
世の中は進化を遂げてきた。《略》

欲望は立身出世するために必要なものだ。
しかし、それが行き過ぎて生じる過ちは、
しばしばたいへん人を害し、世の災いとなってしまう。

だから、一方で自らの欲望を縛る
ルールを決めて、
各々がその拠り所を明らかにしておくのだ。

そして、世の中で欲望を遂げて、
さらなる向上をめざすときにも、
決してルールからはみ出さないように常に修養していく――。
そうすれば、自然と安心立命の境地に到達できるだろう。

欲望のコントロール

48

競争は必要だが……

競争はどんな世界でもあるもので、
もっとも激しさを極めるのは
競馬やボートレースなどだろう。
ほかにも、早起きや読書にも競争があり、
立派な人がそうでない人から尊ばれるのにも、
競争がある。

ただ、このうちの後者については
あまり激しい競争は見たことがない。
一方、競馬やボートレースの場合は
「命を懸けて」という感じになる。

自分の財産を増やすのもこれと同じだ。
激しい競争心を起こして「あいつより金持ちになる！」。
こうなってくると道義などはどこかに行ってしまい、
「目的のためには手段を択ばない」といった話になる。
同僚を騙し、他人を傷つけ、
そのうち自分自身が大いに腐敗してしまう。

欲望のコントロール

49

「これだけはダメ」を持て

かつての若者、つまり今のお偉いさんが、
だんだん道義精神を失い、
いつの間にか権力とカネを得る。
その結果、ついに自分のなすべきことを忘れてしまう。

はじめは悪いことだとわかっていながら
「絶対バレないだろう」と思って、
どんどん堕落し、深みにはまっていく。
これは心の弱い人が陥りやすいパターンだ。

少なくとも「これだけはダメだ」という何かがあれば、
自分の良心に問いかけ、道義に照らし合わせ、キッパリと悪を退けることができただろう。
善の道を選ぶのが難しい、なんてことがあるか。

守るべき何かがある人の行為は、
その根っこが強い。
だから、最終的にこの種の人は必ず勝利するのだ。

50

「腐敗」という大厄災

いま国の中央、首都で大きな災害が発生している。
この災害は人の心から発生したものであり、
そう、その害は天災の比ではない。

天変地異の場合、
人間の力ではどうしようもない面がある。
とはいえ、善後策が上手くいった場合、
対処する人々の意思によっては
「災い転じて福となす」こともできる。
だが、人心の腐敗だけはどうにもならない。

ましてや在野の貧しい人々ではなく、
「※金殿玉楼《きんでんぎょくろう》に桂を焚く」といった
高い地位の人々のあいだに発生した災害は、

どこまで被害が及ぶか計り知れない。
私はこれ以上ないほど心配している。

この災害から人々をどう救えばいいのだろう?
簡単な問題ではない。
我々の力は微々たるものだけれど、
天災に対してはその救済に力を尽くせば
相応の方策を講じることもできる。
しかし、この人心の腐敗から生じた災害からの救済は
どうすればいいのか。

私たちの惻隠《そくいん》や慈善といった気持ちだけでは、
とうてい真の救済はできない、と言わざるを得ない。

※金殿玉楼に桂を焚く……贅沢で華やかな暮らしのこと

欲望のコントロール

51

「バレなきゃいい」の危険性

罪悪はさまざまな理由から生じるものだが、
とくに利益に関するケースがもっとも起こりやすい。

利益を求める目的は主にカネだ。
カネというのは、見れば欲しくなり、
得ればますます多くを手に入れたいと思うのが、
人間の弱点である。

だから知性や思慮、才能、徳のある人でも
「これくらいのこと、バレなきゃいいだろう」と思って、
いつの間にか賄賂に手を出すようなことになる。
いったん手を出せば、

だんだん欲が増してきて、
知らず知らずのうちに罪悪を重ねてしまう。
こんな例は世間に少なくない。

しかし、こういう罪悪でも、
一人でやっているうちはあまり大きな事件にはならない。
だんだん何人もの人が寄り集まってきて、
グルになって進めていくようになると、
やがて大変な罪悪となる。

欲望のコントロール

52

欲に駆られるだけでは自滅する

「安心立命」の境地はもっと重視されなければならない。

どれだけ偉大な人であっても、
安心立命がなかったらどうなるか。
アクセルを踏みっぱなしでブレーキを知らず、
求めるだけで満足せず、
一を得れば二を欲し、
二を得れば三を望むというふうに、
欲望が雪だるま式に膨らんでしまう。

最終的に分不相応なことを考え出して、
それが叶えられず、さんざん苦しんだ挙句、
自滅してしまうといったこともある。

欲望のコントロール

53

腐敗は簡単に防げる

このあいだ発覚した海軍収賄事件のような大規模な罪悪。
こういうのは、
仮にも双方の悪い考えが一致しない限り、実現できないはずだ。

もし一方が賄賂を贈ってきたとしても、
片方が「受け取れない」と言えばどうしようもない。
また、腐敗した役人が遠回しに、
あるいは露骨に「賄賂をよこせ」と言ったとしよう。
こんなケースでも、実業家が自分の良心に従って、
面目や信用を大切にしようと思う人物なら、
絶対にこんな要請には応じないはずだ。
やむを得なければその取引を白紙にしてでも、
罪悪には加担しないようにするだろう。

欲望のコントロール

54

発展と共に、はびこる虚栄

ガスに電灯、交通手段としての鉄道や電車。
こういったものはみんな文明の利器であって、
国の富を増すことは間違いない。
けれども、悪くすると実際にモノを作るというより、
形式に走って虚栄をはびこらせかねない面もある。

細かい数字を挙げて証明できないのは申し訳ないけれど、
どうもみんなそういう傾向にある。

たとえば書画や骨董、美術品を集めている金持ちがいるとする。
昔だったら、数百万円くらいするものを買う場合には
たいそう首をひねったものだ。

それが現代では何千万円もするものを
ちょっと床の間に飾って、
仲間同士で見せ合い、自慢している。

そんなことが積み重なってある種のブームが作られる。
その結果、ろくに仕事のできない人でも、
似通ったマネを始める。
互いに競い合って体裁ばかり整え、
外面を飾ることが目的となり、そのうち虚栄に走る。
こういうのは、どうも現代社会の弊害ではないだろうか。

欲望のコントロール

55

優先すべきは利益より正義

取引の相手が金銭欲に駆られ、こっそりと、

「おれはこれだけのことをしたのだから、労に報いろよ……」

というようなことを匂わせる。

ひどいのになると露骨に「カネをくれ」と口に出したりする。

こんな場合にも、

「それは正義に反する行為だから私にはできない」

といってキッパリ断る。

これくらいの覚悟をもって商売をしていたら、
そんな話を持ちかけられることすらないものだ。

というわけで、私はますます痛切に、
実業家の人格を高める必要性を感じている。

悪いカネは悪い結果をもたらす

不正な行為によって手に入れたカネ、
またはロクに苦労もせずに懐に入れたカネ。
こういうのは、割がいいような気がするけれど、
結局、長持ちするものではない。

使い道に関しても、だいたい悪用されがちで、
その人に災いをもたらすケースも多い。

こういう話はいくらでも例がある。
だから現実に目を配って富の価値を理解し、
仁義・道徳を守って正しい富を集めるべきだ。

そして、そのカネを世の中のために
使ってくれることを、心から望む。

めざすべき
豊かさとは

57

資本主義の落とし穴

実業教育だけを推し進めた結果、
自分の富を増やそうという人がどんどん出てきた。
成金も生まれた。
ツキがよかっただけで大金を得た者もいた。
こういったことが刺激や誘惑になって、
誰でも一攫千金を狙うようになった。

こうして、ますます人々はこぞって富を増やす方に進む。
その結果、富む人はさらに富を蓄え、
貧しい人も富を狙おうとする。

仁義道徳は、旧時代の遺物であって、

見向きもされない。
世間の誰もが、頭だけで考えて
一家のカネを増やそうと必死になっている状況だ。
その結果、腐敗や混濁がはびこり、
堕落・混乱に陥る——。
当然の話ともいえる。

めざすべき
豊かさとは

58

「正しい富国」を

政治の力だけで国家の繁栄は実現できない。
個人の力が必要だ。
それぞれの人が、国家を自分のものと思わなければダメなのだ。

現代の国際情勢は、
どの国も必死になって競い合っている状況だが、
これを「不安な時代だ」などと思ってはいけない。
何事も起きませんように、と祈っても現代では通用しない。
国力を増すことが必要なのだ。

負けじ魂で、大いに国の富を増やしていかねばならない。
困難があるからこそ、心が鍛えられ、

自分の才能も発揮できると思ってほしい。

では、どのようにして富を増やせばいいのか。
ただやみくもに「カネがあればいい」というわけではない。
人間としてもっとも大切な道理に基づいたものでなければ、
真正の富とは言えない。
国家の力が増したとは言えないのだ。

めざすべき
豊かさとは

59

自助から互助へ

われわれ実業家のテーマである「富の増大」──。
これは、べつに他人が貧しくなるのを望んでいるわけではない。
だが「他人の利益を自分の方に持ってきたい」という欲は、
自ずと「自助」の性質を強めてしまう結果につながる。

商品を仕入れたあとは、値上がりすることを望み、
売ったあとは値下がりするのを望む。
これは「自助」であって「互助」ではないことになる。

こういう社会情勢において、われわれがただ「自助」だけで
突き進んでいけばどうなるだろう？
重要な実業の世界を穏やかで健康的に、
かつみんなで仲良く発展させていくことができるだろうか。

社会論

4章

人々の暮らしを守るには

四章のテーマは「社会」。市民や国民としてどのような共同体をめざしていくか、という話です。

ここでのキーワードは「助け合い」でしょう。しかし、渋沢が語るのはただの人情論ではありません。

彼は、「個人の財産がどうこうといった話ではなく、社会全体が豊かになる道を考えよう」と呼びかけています。たとえば、土地を転がすだけで大金持ちになる人がいるのは不公平な気がするけれど、地域全体が豊かになった結果ならば、それでいいじゃないか、というわけです。

では、経済が成長していく場合には、私たちはひたすら自らの利益の極大化をだけを図っていてもいい、という話になるのでしょうか?

「違う」と渋沢は言います。資本主義の精神である「自助」も、行き過ぎると弊害があるのです。

持つ者が持たざる者に対して「自分で何とかしろ」と切り捨てる世の中は、長い目で見ると必ず行き詰まる。国家的な視野で見れば、金持ちも貧乏人も、男も女もみんな同じ船に乗った運命共同体だからです。

さて、現代に生きる私たちは「経済が成長していけば、低所得者も豊かになる」とは限らないことを知っています。では、どうすれば社会全体が豊かになれるのか。

この章で渋沢が語っている「互助の精神」があれば、今のようなギスギスした社会は避けられるのかもしれません。

共に生きる

60

社会は「助け合い」

人が世の中でやっていくとき、
孤立していては生きていけない。
言い換えれば「助け合い」が必要だ。

どれだけ頭がよくて、
さらに人生に必要な能力を持っていようと、
助け合いができなければ
その真価を完全に発揮することはできない。

多数の人々の集まりである国家社会の幸福・利益は、
その助け合いの力によって初めて得られる。
つまり、みんなが助け合って

国家社会の幸福・利益を求めるということは、
同時に個々人の幸福・利益を保護することを意味する。

人間は自分一人の力だけでは、
じゅうぶんな幸福を手に入れることはできない。
真の幸福は社会のおかげで得られるものなのだ。

共に生きる

61

人間は人間らしく

公務員だろうが農家だろうが、
商売人、技術者、教師だろうが、
何の道を選ぶにしろ、
その心がけは同じでなければならない。

「商売人だからちょっとは嘘を言ってもいい」
「技術者だから多少は除外される」
なんてことはないのだ。

それぞれ職業が違っていても、
みんな同じ人間であり、生きていく社会もまた同じ。
月にでも行かない限り別世界はないはずなのだ。
つまり「人間として、人間らしい道を歩んでいく」。
これこそが世の中で生きていく上で、もっとも大切なことだ。

独立自尊と倨傲不遜

福沢（諭吉）先生が力説していた「独立自尊」について、私の解釈を述べておこう。

絶対的に、完全に人は独立自尊できるかというと、それはとても不可能だろう。
そして、こういう感覚が身についていたら、どれだけ「独立自尊」を自らのモットーにしていても「倨傲不遜《きょごうふそん》」に陥らないで済むと思う。《略》

つまり「独立自尊」を信じる場合でも、常に相対的な視点を忘れないことだ。
偏らず傾かず進んでいけば、社会の実態と上手くバランスをとっていける。

共に生きる

63

「自助」だけでいいのか

国を豊かにするには、どうすればいいのだろう?

自分のことだけ考えていればいいのか。

だが、それで国家の隆盛をいつまでも維持できるだろうか。

つまり——、

「自らを助ける」と「互いに助ける」。

「自分を愛する」と「他者を愛する」。

「自らを高める」と「他者を尊重する」。


自助と互助。もしくは自愛と他愛、自尊と他尊……。

これはかなり研究すべきテーマだと思う。

共に生きる

64

「互助」に欠けた実業家

われわれ実業家は経営に力を注がねばならない。

同時に、次のことを自覚してほしい。

「自分のビジネスが上手くいけば国家も栄えていくはず」と期待しても、そうなるとは限らないのだ。

もともと、わが国の一般的な気風を考えてみれば、性格的に「自助」にはかなり向いている。

しかし、「互助」については大いに欠けたところがないか。

社会発展と格差

65

「互助」から得た幸福

こんな話がある。

「二人の兄弟がいた。
一人は相続したカネを使って、
一生懸命に事業を経営したものの、
数年後、わずかな資産を増したに過ぎなかった。

一方、もう一人はたいした努力もせず、
相続したカネで土地を買ってそのままにしていた。
だが数年後、
その地域全体が発展したため、莫大な富を築いた」

要するに、苦心して働いた人の利益が少なく、
とくに働きもしなかった人が幸運に恵まれた——。
これだけ見ると釈然としないものを感じる。
しかし、これは社会全体が与えた幸福であり、
国運発展のおかげなのだ。

人は自分の力だけで
世の中で生きていくことはできない。
これはとりもなおさず、
助け合いと協力が大切だということを意味している。

社会発展と格差

66

格差が進歩を生み出す

人間というのは、
集団になれば必ず競い合いようになる。
競い合っている間に、
貧富などの格差のたぐいが生じてくる。
するとあっという間に「生活難」が現れてくる——。

こういうのは、いわゆる「適者生存」という進化の法則、
または生活原理から見ても避けられないことだろう。
つまり、生活難というのは、いいように捉えるなら
「国力が進歩している証拠だ」と言ってしまいたいくらいだ。

この生活難があるからこそ

「もっといい暮らしがしたい」
という希望が起こる。
いくら生活を向上させても、
そこには相対的な〝生活難〟があるだろう。

このようにして
「どこまでいっても〝生活難〟がなくならない」
というくらいの状態が、国としてのあるべき姿だ。

社会発展と格差

67

「貧乏人叩き」は不毛

現代の生活難の人々に対して
「それくらい我慢しろ」と言う人もいるかもしれない。
ひょっとしたら余計なものにカネを
使いすぎている人がいないこともないだろう。

しかし、こんにちの進んだ世の中で、昔のように
「土の上に座れ」「ムシロを敷いて寝ろ」
なんてことを勧めるのは、
未開時代に帰れ、と言っているようなものだ。
ずっと古い時代にとどまって前に進むな、と言うのに等しい。
それでは文明の恩恵はどこにあるというのか。

68

慈善は計画的に

慈善や救済というのは、
昔はただまっすぐに人情の発露を見せるだけだった。
もちろんそれが悪いわけではないが、
世の中が進むに従って、慈善・救済の方法も進歩した。

昔のように「かわいそうだ」という気持ちを
かたちにするだけのやり方は、
二〇世紀の慈善としては適当ではない。

つまり、組織的で継続的な慈善でないと、
救済される側に効果があるとは言えないのだ。
いっときの思いつきによる慈善、
または出来心の慈善といった救済方法は、
なるべく避けるようにしてほしい。

慈善事業の心得

69

悪い救済

救済の方法は、
必ずそのケースに合った適切なものでなければならない。

たとえばここに貧民がいて、
病気にかかっていたため、
慈善病院に収容されたとしよう。
この場合、病人はきれいなベッドの上で
満足な治療を受けられるし、
薬も飲ませてもらえるわけで、
一面的にはいいことに違いない。

しかし、この状況はいっときの夢である。

治療を受けた人は、
病気が治ったら再び元の貧民に戻ってしまうのだ。
結果として「こんなこと、はじめからされない方がよかった」という話になるかもしれない。

あるいは路上で物乞いしている人が、
慈善によってたくさん金をもらったらどうなるか。
一日だけの「にわか富豪」として、
御馳走を食べまくり、酒も飲んでどんちゃん騒ぎをする、
といったことになるかもしれない。

これは要するに、与える側がミスをした結果である。
こういうやり方はぜんぜん経済がわかっていない。
むしろ人をダメにするような救済である。

男女同権

70

女性も上をめざすべき

男といい女といい、性別が違っているだけで、
人としての尊厳において、何も異なるいわれはない。

男子が上をめざそうとしているときに
女子もまた上をめざす――。
これになんの差し支えがあるだろう？

男子が人間としての特権を主張するとき、
女子も同様の特権を主張する――。
これの何がおかしいというのか。

71

男女で競って高め合え

もし進んで上をめざそうという女子がいたなら、
その希望と能力を鑑みて、男子と同レベルの教育を受けさせる。
男子が強者だというなら、
これくらい度量の広さを見せるべきではないか。

残念なことだが、こういうことをした結果、
将来は男女が互いに職を奪い合うことになるもしれない。
そのときは、敵に武器を持たせて決闘するように、
正々堂々と陣を張った上で、宣戦布告すればいいのではないか。

私が女子の高等教育を主張するのは、こう考えるからだ。

5章

発展論

日本の未来をどう切り開くか

私たちは、どのように日本の将来を描けばいいのか？

国家の命運というのは、現代では時代がかったテーマに聞こえるでしょう。それでも、現実的には、私たちはアメリカでも中国でもなく日本人として生きていくしかありません。日本が持続的な発展を遂げるに越したことはないのです。

さて、この章は、いわゆる時事ネタが多くなっています。

一つは「日本人論」。これは日本が日露戦争に勝って、世界の大国になりつつある状況で、「国際社会の中の日本」を意識した渋沢の分析と言えます。

二つ目は、改元です。時代が明治から大正に変わったことで、明治を振り返り新時代を考えるといったテーマが浮上しています。渋沢は、「明治の延長ではダメだ」として、日本の軍拡にも警鐘を鳴らしています。令和のはじめを生きる私たちも他人事ではありません。

三つ目は、第一次世界大戦。まだ終結が見通せない時期ですが、渋沢は早くも戦後復興の話をしています。そして戦後は人道主義による世界平和を実現せねばならない、とも。

ところが、終戦から二〇年ほどで欧州は再び戦火に包まれました。日本も大陸進出をめぐって失敗に失敗を重ね、泥沼の戦争の末に破滅したのはご存知の通りです。

国際親善に尽くした渋沢の言葉を、日本人は噛み締めなければなりません。

72

熱しやすく冷めやすい日本人

日本人というのは、
だいたい感情が急激に流れる傾向がある。
これは実に心地いいところでもあるけれど、
一方で、急激に湧き上がるものは急激に消えていくわけで、
ともすれば健忘症になってしまう。

ある事柄について激しい感情を燃やし、
「少し熱くなりすぎではないか」と思っていたら、
ほどなくしてすっかり忘れてしまっている。
こんな面がないとは言えない。

何事についても感じ取る力のない国民に比べれば

たいへん良いことのような気もする。
だが、意志が強くて落ち着いた国民から見れば、
かなり恥ずかしい。

結局のところ「感情の起伏が激しい」というのは
大国民の態度ではないと思う。

73

島国根性の危険性

日本人は感応力が非常に強い。その結果として、著しく社会を進歩させたり、正義のために闘ったり、忠君愛国の心構えを発揮したりする。

これは他国にはなかなかできないことであり、喜ぶべき点だ。


しかし一方で、この性質によって、悪い方にも走りやすくなってしまうことも頭に置いておかねばならない。


「島国根性」などと言われるのがこれだ。

感情がひどく偏狭で、極端から極端に走り、ややもすると、とんでもないことをして人生を誤る。

ひいては国を誤ることにもなる。

74

日本はまだ幼児

私は、今の日本という国は、
まだ若者というより、
むしろ幼すぎるくらいだと考えている。
もし「明治から大正となって、わが日本は守成の時代に入った」
と思ってしまったら、その瞬間から、
国の活力はどんどん萎《しぼ》んでいってしまうだろう。

75

個人のゆるみは国家のゆるみ

近頃の社会では「労働」というものを
非常に重要視するようになってきた。
これは非常にいいことだ。

自分の労力で自分の独立をなしていく人が
社会の一員としていちばん尊い。
親のスネをかじって衣食をまかなうような、
いわゆる他力で生活している人が増えれば増えるほど、
国家の基礎は危うくなる。

つまり、国が豊かになるか・貧しくなるかは、
この自力・他力の国民の数にかかっている。
君たちがゆるくやっているときは、
国家の活動がゆるくなっているときだ。

76

文明の基礎は「人」にあり

真の文明というのは、すべての制度や設備、
そして一般国民の人格と知能によって、
はじめて成立するものだろう。

このように見れば、もはや貧富の問題というか、
文明というものの大きな要素として
「富」があること間違いない。
ただ、形式と実力は必ず一致するわけではない。
形式上は文明であっても実力的には貧弱といった状況も、
かなりアンバランスだけれど、あり得る。

だから、真の文明は、
富と実力を兼ね備えた力強いものでなくてはならない。

日本の将来

77

「意気地なし」と言わせるな

この五〇年のあいだ、
天保・嘉永・安政の人はこれだけ力を尽くした。

一方で、明治・大正の人間は
やや足りないということであったなら、
「あなたたちは非常に意気地なしだ」と言わねばならない。
現代人の責任は重いのだ。

このことを、私は若者たちに強く言う権利がある。
なぜなら私は天保時代に生まれたから、学校も何もなかった。
あったのは寺子屋だけで
きちんとしたカリキュラムもなかった。

しかし、私たちは昼寝していたわけではなかった。

充実した学問をやった若者たちが、
そうではない天保時代の人間より働きが悪いというなら
「なんという意気地なしだ」と老人から言われるわけだ。

78

肩に担って歩き通せ

時代は明治から大正に変わった。
この大正において、若者がやらねばならないことは何か。
それはひとりひとりの胸の内にじゅうぶんあるだろう。

しかし、ただ胸に蓄えているだけではダメで、
肩に担わねばならない。

そして担うだけで、その重さに潰れてしまうようでもダメだ。
その荷物をしっかりと運び通さねばならないのだ。

79

政府を当てにするな

近頃、若者のあいだでチャレンジ精神が盛んになり、
本領を発揮しようというムードが生まれているのは
すばらしいことだ。
だが一方、働き盛りの社会人のあいだで
「現状維持」の空気が蔓延しているようでは、
先行きが思いやられる。

独立不羈《ふき》の精神を発揮するには、
現代のように政府だけが万能で、
民間事業者が政府の保護を受けたくて恋々としている、
といった風潮を一掃しなければならない。
民間の活力を大いに高めて、
政府の手を借りないで事業を発展させる——。
そういう覚悟が必要だ。

日本の将来

80

「明治の延長」でいいのか

すでに欧米諸国がすごい進歩を遂げていて、
わが国は遥かに遅れをとっていた。
だから、脇目を振るヒマもなく、
ただ外国に追いつこうとしてやってきた——。
その痕跡が明治だ。

いわゆる雪駄片足、下駄片足で
火事場に走るような感じだが、
明治の時代は、周囲の事情により、
こうするしかなかったのだろう。
とにかく、こうして偉大な進歩を遂げたのは、
喜ぶべきことと言える。

しかしながら、
片足だけ雪駄や下駄を履いているような状態で、
いつまでも旅が続けられるものだろうか。
背負える以上の重荷を背負ったら、
そのうち倒れるときがやってくると覚悟しなければならない。

日本の将来

81

もう無理は利かない

明治はほとんど重い荷物を整理する暇もなくて、
痩せ馬に鞭を打って走らせるしかなかった。
それでも幸いにして、
列強の後ろについていくことができた。

しかし、大正のこんにちにおいては、
ぜひとも重荷を整理しなくてはならない。
競争できるだけの力を充分に蓄えなければならない。

政府は財政整理に着手して、
制度改革を試みたけれど、
休養は常にとらせないといけない。

たくさん進もうと思ったら、それだけの休養が必要だ。

国民に休養をとらせないまま
諸外国との競争に加わろうなんて、どう考えても無理な注文だ。

一時的にはどうにかなるかもしれないが、
そんなやり方で最終的な勝者になることはできない。

82

世界平和は可能だ

道徳と利殖を一致させることは、
ひとつの国のなかではわりと簡単である。
だが、国際社会においてはなかなか難しい。

つまり、国内の場合は法律があるし、
習慣も共通していて政治体制も同じだから、
利殖と道徳が著しくかけ離れる心配はない。
しかし、国際社会では、
各国がそれぞれ違った事情があり、
利害関係も食い違うから、
道徳を無視して利益を主張する事態も起きる。
これが国際紛争が起こる理由であって、

軍備拡張の原因もここにある。

しかし、もし国民道徳がだんだん発達して、
その範囲が国際社会にまで拡張されるようになれば、
真の平和が示現されることになる。
軍備の必要もなくなるのだ。

要するに、人類は進化の法則によって発達していくものであり、
その道徳は利殖と合致させることで、さらに進歩する。
世界の平和を、
このような道徳の国際的普及によって実現するのだ。

83

戦後復興をリードせよ

この大戦（第一次世界大戦）後は、
世界地図の上に変化が起きると同時に、
間違いなく商業地図の上にも変化がもたらされるだろう。

こういう時代に、わが国は貿易の発展を図り、
他国に代わって世界の商権をガッシリ掴む。
そんな大きな覚悟を持たねばならない。

さらに、大きな戦乱の後に
経済が大きく発展するのは明らかなことだ。
日本は交戦国であり、
仁義に則った戦いをしたことで、

国民に多大な教訓を与えつつあるのだから、
必ず国はもっと豊かになる。

我々はこの戦争の教訓を忘れないようにしよう。
未曾有の大戦争を無意味にしないよう、
充分に努力していかねばならない。

84

日本は「貧国強兵」?

「富国弱兵」はもちろんダメだが、
「貧国強兵」もまた警戒しなければならない。
武力にものをいわせて成り上がった国は、
必ず武力のせいで滅亡する。

海軍はアメリカと張り合って軍艦を建造し、
陸軍もまたロシアを仮想敵国として
兵力を増加しようとしている。

こうして陸海軍が競い合って
軍備拡張に血道を上げるような状況が続けばどうなるか。
国家の財政は枯渇し、「武装したガイコツ」になってしまう——。
こんな話も遠い将来の話とは言い切れない。

85

最高レベルの観客であれ

演劇に例えるなら、
実業家は舞台上の役者ではなく、観客である。
役者は常に観客の反応をうかがいながら、
舞台の上での動作を工夫している。《略》

必ずしも実業家は政治家であれという話ではないし、
政治という舞台の役者でなくていい。
しかし、政治を理解し、政治を批判し、
政治という舞台の役者に
「どのように振る舞えばいいのか」
を悟らせるような観客でなければならない。

客席のなかでも、
もっとも高レベルな観客でなくてはならない。

86

実業家も政治の関係者

立憲政治のこんにちにおいて、
昔の「民※はこれに由《よ》らしむべし」
というやり方をしていたらどうなるか。

政府がどこまでも人民を被治者扱いしようとするなら、
過ちに陥るのは間違いない。
人民が自らを被治者と蔑《さげす》むなら、
これもまた同様の過ちに陥るだろう。

憲法によって与えられた権利を法に則って行使する。
そのためには、
昔でいう町人であった現代の実業家も

政治上の相応の地位を占め、
相応の勢力を張らねばならない。
必ずしも実業家は政治家であれという話ではないが、
政治に無関心ではいけないのである。

※民はこれに由らしむべし……国民は政治に口を出させず、ただ従わせておけばいいという考え方

87

はびこる形式主義

政治にスピード感がないのは、
わずらわしくてくどくどした手続きをしたがるからだ。
役人は形式的で物事の本質に立ち入らず、
与えられた仕事を機械的にこなして満足している。

いや、役人だけではない。
民間企業や銀行でも
こういった空気がはびこってきているのを感じる。

「形式に流れる」というのは、
元気で活発な新興国では少ないもので、
長い間、風習を守ってきた古い国に多いケースだ。

幕府が倒れたのも、これが原因だった。

「六国《※りっこく》を滅ぼしたのは六国自身であって秦ではない」

という言葉がある。

幕府を滅ぼしたのは当の幕府、そのものであった。

本当に強い木は大風が吹いても倒れないのだ。

※六国……中国・戦国時代の燕・趙・楚・韓・魏・斉のこと。秦に統一された

88

官民の心をひとつに

国民すべてに円満な気持ちを養い、
「和」を上下にあまねく広げていきたい。

近年は官尊民卑の風潮もだいぶ薄らいだが、
このタイミングを逃さず、真の立憲国民となってほしい。
官民ともに国を背負って立つ覚悟を持ち、
助け合いながら、心をひとつにして進んでいくのだ。

こういったことを実現するにはどうすればいいか。
下の者は卑屈さや偏狭な感情を捨て、
敬意を持って上に接する。
上に立つ者は進んで下の者を助ける。
こうして互いに胸襟《きょうきん》を開いて親しみを深め、
意見を交換し、互いに国の発展を図っていくのだ。

人生論

6章

混迷の時代を生き抜く覚悟とは

最後は個人としての生き方の問題です。

人の一生における成功や失敗、幸福をめざすヒント、若い世代に向けた言葉を含めて「人生論」としました。

「日本資本主義の父」と呼ばれ、新一万円札の顔にもなる渋沢の言葉ということで、

「成功者になるノウハウを授けてくれるに違いない」と思う読者がいるかもしれません。

しかし、そんな期待は前半であっさり裏切られます。そし

てもっと渋沢のことが好きになるでしょう。

続いて、後半の読みどころは渋沢から若者に向けてのメッセージです。

かつて尊王攘夷運動家として活動していた渋沢から見れば、現代の若者はかなり頼りないようです。学もあって礼儀正しいのはいいけれど、何か足りない。幕末明治の若者は粗暴でどうしようもない連中も多かった。それでも、時代を変えようという熱い魂があった……。

これだけ聞くと「最近の若者は」という年寄りの愚痴のようですが、それだけでは終わりません。

話はどんどん「励まし」に展開していくのです。自分はもちろん、他人に対しても超ポジティブ。クヨクヨせず前だけ見る。これこそが渋沢の真骨頂でしょう。

読むうちに背中をバーンと叩かれたような気がしてきます。

成功と失敗

89

「成功」なんて残りカス

成功や失敗というのは、
頑張って生きてきた人の体に付いた
「残りカス」のようなものだ。

現代人の多くは、
成功とか失敗とかいったことばかりを気にして、
それよりもっと大切な「天地のあいだの道理」を見ていない。
彼らは、この世の実質を目的にするのではなく、
残りカスのような金銀財宝を追っているのだ。

90

結果は天に任せろ

とにかく誠実に努力し、勤め励み、
自ら運命を切り拓いていけばいい。

もしそれで失敗したら、自分の能力が及ばなかったと諦め、
成功したら能力が発揮できたと思う――。
このように成功と失敗にかかわらず、
天命に任せるのがいい。

失敗してもずっと努力を続けていれば、
いつかまたチャンスがやってくる。
何十ものいくさに連戦連敗した徳川家康は、
最後に勝利を得たではないか。

成功と失敗

91

眼前のリアルを生きろ

いっときの成功や失敗というのは、
長い人生、価値のある生涯においては泡のようなものだ。
それなのにこの泡に憧れて、
目前の成功や失敗だけを論じる人が多いようでは、
国の発展や進歩が思いやられる。

そんなしょうもない考えはすぐに捨て去って、
社会の中で具体的な生活をしたほうがいい。

成功だ失敗だといったことを気にせず、
道理に従って身を立てていく――。
そうすれば成功や失敗といったこと以上に
価値のある生涯を送ることができるだろう。

92

結果より過程が大事

見た目上の「失敗」というのは、
必ずしも失敗ではない。
むしろ手段を選ばない「成功」の方こそ、
精神上の大失敗者なのだ。

つまり、失敗や成功というのは、
精神の安らぎを得られるか、
そうでないかにかかっている。

たとえ巨万の富を築いても、
そこから揺るぎない心の平穏を得られないとすれば、
結局その人は失敗者だと断言していい。

成功と失敗

93

諦めず、けれども潔く

「人生五十、功無きを愧《は》ず」とは言うものの、
そのためにくだらない策を巡らしたり、
または小さな成功に満足して、
したり顔をしているような者は、
むしろ唾棄《だき》すべき人物だ。

はじめから成功と失敗とを計算して、
それから事を進めるような者は、
一緒に天下の大きな話を語り合える人間ではない。

広い視野から見れば、
成功であれ失敗であれ、

結局は巡り合わせだ。
であるなら、
自分自身が功績を収めることができなかった場合、
そのことを子孫に伝え、いつの日か成し遂げてもらう——。
こういうのもいいではないか。

あらゆる奮戦や苦闘を重ねて、
すべての困難と障害をはねのけたとしよう。
もしそれでも力及ばず万事窮するならば、
これはもう天命である。
大人物なら、決していっときの危機や苦しみを前に
諦めてはいけない。

逆境に
立ち向かう

94

失敗か、チャンスか

この世で生きていく上では、誰でも、
上手くいくとき、
上手くいかないときがある。

これは誰しも逃れられないことであるが、
それについてどう対処するかは、
各自がよく意識しないとならない。
まして、まだ精神的にも未熟で、
感情に流されやすい若者ならなおさらだ。

上手くいかないときは、
すっかり気落ちし、

やる気までなくしてしまう。
そのうち怠け癖がついたり、
自暴自棄になったりして、
ますます人生が上手くいかなくなっていく。

ひどいケースになると犯罪に手を染めるまで堕落して、
ああ、一生を棒に振ってしまう。
上手くいかないとき、人が陥りがちなケースだ。

逆境に
立ち向かう

95

自ら失意を求めよ

だいたい上手くいかないときには、
心が引き締まるというか、
油断がなくなるから物事に成功しやすい。
一方、上手くいっているときには、
舐めてかかるから何事でも失敗しやすい。
このことは明らかだ。

つまり、上手くいかないときこそ
評価を得られるきっかけがあるのであって、
上手くいくときはかえって失敗の原因となる。

こう考えれば「何事も上手くいかない」というのは、

必ずしも悲しむべき状況ではない。
むしろ「今が大事だ」と、
前向きに努力すべきタイミングだろう。

こういう意味で、私は
「上手くいかない状況を自ら探し求めなさい」
とまで言うのだ。

逆境に
立ち向かう

96

運か、天命か

人生には変化があり、幸運・不運がある。
だから、処世という旅において、
上手くいくとき・いかないときがあるのも
仕方ないことだろう。

上手くいく・いかないといったことも、
その原因はといえば、自分のせいだったり、
家庭環境のせいだったりもする。
また、そのときの社会情勢に左右されることもある。
狭く言えば運、広く捉えるなら天命と言ってもいい。

これはどんなに人にも必ずやってくるものである。
ならば、普段からそんな局面になったとき
あたふたしないように修行しておくことが大切だ。

なるようにしかならない

若い頃は、国のために死ぬことを覚悟していて、
あちこちをさまよい歩いた。
人を殺すのをむしろ善行だと思ったこともある。
畳の上で死ぬのは、武士として
情けないことだと思ったこともある。

三〇歳くらいまでは、何度も死ぬような目に遭ったものだが、
幸い無事に老境に入ることができた。
これも天命だと心得ている。

いくら心配しても、なるようにしかならない。
いわゆる「人事を尽くして天命を待つ」であって、
尽くすところを尽くしておけば、
それから先は安心できるのだ。

逆境に
立ち向かう

98

不足と不自由は世の常だ

そもそも人生というのは不足がちなのが普通で、
むしろ完全に満ち足りるといったケースはあり得ないはずだ。

この道理をよく考えて、
不足や不自由を世の常だと悟ってしまう。
そうすれば、べつに文句を言いたくもならないし、
くよくよすることもない。

こんなふうに精神修養を積んでいけば、
何事においても、すべてそれで決着する。

幸福のヒント

99

善の道に心労はない

「悩み苦しむのはいけない」

「ストレスをためてはいけない」

では、何にも心を動かさず仕事もせず、
そのまま無為に死んでいこう——。

言うまでもないが、こんなのは言語道断だ。

善良な方向に心を用いているときは、
そこには楽しみや愉快がある。
仕事に対する心労なんてひとつもないのだ。

要するに、しっかりした揺るぎない意思を基本として、
大いに活動する。
同時に、無駄な不平やモヤモヤを避ける。
これこそ長寿のための第一の秘訣だと、私は信じて疑わない。

100

ハツラツと愉快に生きる

どうすればいつも愉快な気持ちで過ごせるか。
まず社会とか人とかを恨まないようにすることが必要だ。

自分は自分のすべきことをするだけ。
仕事上でも道義上でも、
充分に力を尽くし、
社会がそれに対する報酬を与えるか否かは、
まったく気にしないようにする。

それなのに、多くの人はすぐ世を恨んで人を恨んで、
いつも心に不平を抱いている。
だから絶え間なく悩み苦しむことになる。
こういうのが非常に寿命を縮めるのだ。

「人事を尽くして、天命を待つ」
くらいの潔い考え方を持たねばならない。

そうすれば、不平もないし、
悶々とすることもないから、
ハツラツとした元気な気持ちで
向上していくことができる。《略》

物事には屈託しないことだ。
ただイライラするだけのくだらない心配事、
いわゆる愚痴、老婆心といったものは、
体力を維持する上で、大変なマイナスとなる。
そういうのはできるだけ取り除かないといけない。

101

「元気者」が明治を作った

幕末は、薩摩だけではなく、
他の諸藩の若者にも熱気が満ちていた。
藩校の学生連中なんてじっとしていられず、
「※衣は骭《かん》に至り袖腕に至る」どころか、
裸になるくらい元気と勇気にあふれていた。

その元気がだんだん集まって、
最終的に明治という時代を作り出した。
あの明治政府の中で、
天皇を支えた人々は、
こういう元気者の選抜組なのだ。

つまり、江戸時代に成長した人々が、
ちょうどよく幕末の風雲に出合って
「明治の聖代」を作り出し、
このようにすばらしい繁栄を実現させた。

今の日本は文久・慶応時代の学生の
元気が作り出したものとも言えるのだ。

※衣は骭に至り袖腕に至る……豪胆で向う見ずな様子

次世代に告ぐ

102

真摯な気持ちを忘れるな

若いうちはあまり礼儀作法にこだわるべきではないけれど、
ひとかけらの敬意だけは失わないようにしたい。

維新前の若者のあいだでは、
たとえ一言であろうと、
本当に感じたことを表に出していた。
いわゆる「真面目な気風」だったのだ。
現代の若者から敬意が著しく衰えたのは、
嘆かわしいことだ。

今の若者に望むことは、
元気・活発でありながらも

決してブレない真の敬意を秘めておくことだ。

そして、きびきびした精神を持って
事に当たるようであってほしい。

その結果、多少の失敗があったとしても、
真面目な気持ちでやったことなら、
多めに見てやればいいのだ。

103

勇気をもって猛進せよ

正しい行為だとわかっているのに
「でも、失敗するのが怖くて……」などと言っている若者は、
ぜんぜん見込みがない。

自分が正義と信じる限りは、
あくまで前向きに、ドーンと行ってもらいたい。
正義の心で進み
「岩をも砕く鉄の精神を傾ければ、
成し遂げられないことなんてない」
という意気込みで行かなければならない。

この志さえあれば、どんな困難も突破できる。

たとえ失敗することがあっても、
それは自分の注意が足りなかったのであって、
少しも心にやましいところがないのなら、
かえって多くの教訓を得られる。

その結果、より強い志を養うことができ、
ますます自信をつけられる。
勇気を持って猛進することができる。

そして、次第に社会の中で立派な人物となっていく。
個人としても、国家のひとつの礎としても、
信頼できる人物となるのだ。

次世代に告ぐ

104

天は努力に味方する

人生の道筋はさまざまで、
すべてを同じように論じることはできない。
ときに、善人が悪人に負けたように見えることもある。

しかし、人や世の中を、
長いスパンで見てみれば
善悪の区別はハッキリとつくものだ。

だから、成功や失敗について、
あれが良かった・悪かったと思いを巡らせるより、
ただただ自ら誠実に努力する方がいい。

公平無私な「天」は、必ずその人に味方する。
きっと運命を切り拓けるよう、仕向けてくれるだろう。

おわりに

本書のもとになった『至誠と努力』（渋沢栄一・著／一九一五年／栄文館書房）は、七六二ページに及ぶ大著です。最初、現代語訳の話を持ち掛けられたときは、一体どうなるんだろう？　と思いました。著者の言葉を尊重して、省略せず現代語に変えていくと、一・五倍以上に膨れ上がるのは目に見えている。まず通読して内容メモを作ってみたり、とりあえず重要な章から訳してみたり、といろいろ試しているうちに今回のような「抄訳」スタイルに落ち着きました。

私は以前、渋沢の代表作である『論語と算盤』を現代語訳しています（二〇一六年／致知出版社）。こちらも名著ですが、内容としてはビジネスと道徳（論語の解釈）の話が中心。誤解を恐れずに言えば、背広を着たおじさん向きの本でした。本書にも出てくる「カネ儲けは道徳に裏打ちされていなければならない」という考え方をもっと理解したい人は、こちらを読んでみてください。

対して、この『至誠と努力』は万人向けです。渋沢があちこちで行った講演をまとめたものなので、内容も後進の実業家に向けた呼びかけから、学校教育、慈善活動、男女同権、国際情勢とじつ多岐にわたっている。本書では、それらのいいところ——今の人々にも響く言葉、現代の日本にも問われている課題など——を厳選するかたちで、まとめさせてもらいました。なかでも次世代を担う若者に向けた渋沢のメッセージ、その熱気だけは取りこぼさないように心掛けました。

本編の「発展論」にもあるように、渋沢が語っている当時は第一次世界大戦がまだ終わっていません。この戦争中、兵士の動員をきっかけにインフルエンザのパンデミック「スペイン風邪」が起きたのも有名な話です。それから一〇〇年以上経った今、新型コロナウイルスが世界で猛威を振るっています。世界的に経済はマイナス成長となり、貧困の拡大が危惧されています。日本でも失業者が増え、人心も荒廃しつつある。一九二〇年代の慢性的不況、そして世界恐慌の後、何が起こったかを考えてみれば、先行きはまったく予断を許さない状況です。

この危機に際して、渋沢ならきっとこう言うのではないでしょうか。

これくらいでヘコたれるな！
やるべきことはいくらでもあるぞ！

そう励ましつつ、一方の手で生活に困った人々を助けるために猛進していくはずです。

天保生まれの渋沢は、幕末・明治・大正、そして昭和初頭まで生き抜き、民間経済だけでなく平和運動、慈善活動でも多大な功績を残しました。それでいて「成功なんて、人生の残りカスだ」というのだから、さすが江戸時代生まれは気風《きっぷ》がいい。

しかし、ただ「渋沢栄一はすごい人だった」で終わってはいけないのでしょう。「現代人の責任は重い」のです。本書を読んだ人は、渋沢のメッセージを受け取ったことになります。自分はどう生きるか。私たちはどんな社会を築くのか。真剣に考えた上で「実行と実働」の人にならねばなりません。

☆

本書の企画・編集を手掛けてくれた実業之日本社の大串喜子さん、アップルシード・エージェンシーの栂井理恵さん、そして読者の皆さん、最後までお付き合いいただき、ありがとうございました。

二〇二一年一月　奥野宣之

文庫化に寄せて

――緊迫する世界――

「渋沢栄一ってだれ？」

「ほら、1万円札の人だよ」

こんな会話が当たり前になる日が近づいています。

ごぞんじの通り、2024年7月からの新一万円紙幣の肖像として渋沢栄一が採用されました。今後、日本人にとっての「お金の象徴」は福沢諭吉ではなく渋沢栄一になっていく。お札の〝顔〟に選ばれるまであまり知られていなかった渋沢は、NHKの大河ドラマ『青天を衝け』（2021年放送）の効果もあって、一躍メジャーな歴史人物となりました。

長年のファンとしてうれしい、と言いたいところですが、私は今、強い危機感を覚えています。

まったく喜んでいる場合ではないからです。ここ数年、渋沢が有名になっていくのと裏腹に、社会は壊れてきている。そして今の世界は、渋沢が目指していた理想とは掛け離れたものになりつつある、と。残念ながら、こう言わざるを得ません。

思い返せば、本書の単行本が発行された2021年2月は、コロナ禍の真っ最中でした。その後、7月に1年延期されていた東京五輪が開催。前後して5月にはミャンマーで国軍のクーデターがあり、8月には米軍の撤退によりアフガニスタンでタリバン政権が復活しました。「Go To キャンペーン」で旅した宿でニュースを見ながら、「きな臭くなってきたな……」と感じたのを覚えています。

翌2022年は、2月にロシアがウクライナを軍事侵攻。国内では7月に安倍晋三・元首相が銃撃によって殺害され、衝撃的な一年となりました。目を疑うようなことが立て続けに起き、多くの人が、侵略戦争や核攻撃、テロリズムの蔓延といった過ぎ去ったはずの脅威を意識せざるを得なくなりました。

続く2023年も、ウクライナ戦争は泥沼化の様相で、死傷者数は増える一方です。東アフリカでは紛争や内戦が跡を絶たず、世界規模でコロナ後の経済復興と戦争の影響を受けたインフレが発生。挙句の果てに、10月には、イスラム組織ハマスによるテロへの報復として、イスラエルがパレスチナのガザ地区に無差別爆撃と軍事侵攻を開始しました。

もうめちゃくちゃです。

昨今、ちまたで囁かれる「新しい戦前」という言葉に対し、私は背中にゾクリとしたものを感じます。つい数年前なら「戦争なんてありえない」と一笑に付していたでしょう。まさか、こんな時局になるとは。先ほど「喜んでいる場合ではない」と述べた理由が、おわかりいただけたでしょうか。あまり「あとがき」らしい内容でないことは自覚していますが、正直、これを書かないで何を書くのかといった心境なのです。

さて、会社経営や教育活動、公益・慈善事業に加えて、渋沢が力を入れていた分野に「国際親善」があります。

1926年、当時87歳の渋沢は自ら親善組織を立ち上げ、民間外交によって日米対立を回避しようとしました。日本では「青い目の人形」として知られているエピソードです。こんな年齢になっても、自らの手で日本を救おうとしていました。

今の私たちにも、できることがあるはずです。

――「論語」なき日本――

冒頭で「お金の象徴」という言葉を使いました。すでに「資本主義の父」のキーワードで語られることが多い渋沢は、新紙幣になったことで、ますます「経済的成功」の文脈で語られるようになるでしょう。

このことにもやや違和感を覚えます。本書を読んだ人ならわかると思いますが、晩年の渋沢栄一は、当時の「資本主義」にかなり批判的です。目先のカネだけを追い求めている実業家や、そこに群がる人々を「言語道断」と切り捨てている。

渋沢のモットーは「論語と算盤」です。これになぞらえて言えば、明治以来、技術の進歩や社会の発展、国富の増大という「算盤」は、ひじょうに上手くいった。一方で、倫理や精神的な豊かさという「論語」はどうか。先立つものもないのに道徳ばかり唱えられても困るけれど、道徳に裏打ちされていないカネ儲けもまた、すごく問題がある。

そんなことを考えたとき、印象深いのが「腐敗」に対する本書の警告です。

政財界の高い地位にある人々が、その公的な立場を利用して私腹を肥やそうとする。これを渋沢は「国の中央、首都で大きな災害が発生している」と表現しました。事業によって災害は復興できるけれど、人心は救済できない。だから「腐敗から生じた災害」は、自然災害よりも大きな被害を及ぼしかねない、との警告でした。

2024年4月現在、政治資金パーティーをめぐる自民党派閥の「裏金作り」の問題で、政界は揺れています。ただでさえ自然災害の多い日本に、腐敗という厄災が重なる。すでに政治不信と言われて久しいけれど、この宿痾から逃れるすべはあるのでしょうか。

やはり精神面、つまり修養しかないのかもしれません。

この本のもとになった『至誠と努力』は、「算盤」より「論語」に重心が置かれています。

「仁義道徳は、旧時代の遺物であって、見向きもされない。世間の誰もが、頭だけで考えて一家のカネを増やそうと必死になっている状況だ。その結果、腐敗や混濁がはびこり、堕落・混乱に陥る——。当然の結果とも言える」（P．116）

本書のほとんどは後進に向けた渋沢の叱咤激励ですが、ここだけは珍しく後ろ向きです。私はこのくだりに彼のわずかな後悔の念を感じ取ります。

形骸化した仁義道徳（算盤なき論語）を批判して、実業教育を推し進めた結果、むき出しの拝金主義（論語なき算盤）が出現してしまったのではないか、と。

いまの日本はこんな状況ではないでしょうか。戦後社会では、経済活動や科学技術といった「算盤」と、民主主義や平和思想といった「論語」が互いに支え合うことで、高い繁栄を実現させました。対して、今はどうか。「論語」はどこに？　さらに気づけば「算盤」、つまり資本主義も行き詰まりつつある。

今こそ「至誠と努力」が必要です。夢や理想を高く掲げ、人道の名のもとに社会を再設計していく。この視点がなければ、経済成長や技術革新も価値がない。いや、むしろ長い目で見ると人類に害をなすでしょう。2015年、国連で採択されたSDGs（持続可能な開発目標）の精神は、「至誠と努力」ですでに語られていたのです。

では、自分は何をすべきか。

本書を読んだ人は財布から1万円札を取り出すたびに、渋沢のメッセージを思い出してみてください。

自分は自分のすべきことをする。

成功や失敗なんて気にするな。

勇気をもって猛進せよ！

解説

北康利（作家）

渋沢栄一はこの国を欧米列強に伍する国とするため革命的手法を用いた。それが資本主義の導入だった。このことによって、この国の社会発展のギアチェンジを行ったのだ。

資本主義を導入すると宣言するだけではなかなか資本（株主）は集まらない。だが「渋沢栄一」という名前の持つ社会的信用が資金を呼び、新会社設立を容易にした。そして高確率で成功を収めたことから、次の会社設立においても出資者が集まった。

同時に彼は、「金儲けは下賤な業」だと教わってきた人々のメンタリティーを変えようとした。

江戸幕府が儒教でそう教えてきたのなら、逆にその経典である『論語』の言葉をもってビジネスの社会性を説き、この世界に働く者のモラルをあげ、優秀な人材を呼び込んだ。

わが国近代資本主義の創始者が、まずは商道徳の大切さを説く人物であったことの幸せを我々は噛みしめるべきであろう。

近代資本主義の幕開けをもたらした後は、商教育を充実させて後進を育てた。それだけではない。彼の活躍の場は多岐にわたる。医療の高度化を進め、福祉や慈善活動に注力し、世界平和を念願して日米の架け橋ともなった。

まさに、わが国が誇るべき偉大な先人である。

「すぐれたものの魂を真似よ」とは渋沢の言葉だが、我々はこの「日本史上最強のビジネスマン」からもっと多くを学ぶべきだろう。

渋沢と今の我々とでは置かれている環境が違うのも事実だが、それですべてを否定してしまうべきではない。

本書でも触れられているが、ちょうど一〇〇年前のわが国をふりかえってみると、一九一八（大正七）年からスペイン風邪の猛威が列島を席巻。景気の悪化から格差が広がって世情不安が深刻化し、一九二一（大正一〇）年に安田善次郎と原敬が暗殺され、一九二三（大正一二）年に関東大震災が発生している。

最後の関東大震災以外、最近わが国に起こったことばかりではないか。アメリカの文豪マーク・トウェインは「歴史は繰り返さない。しかし韻を踏む」と語った。「韻を踏む」という点において、我々は歴史に学ぶべきなのである。それはまさにビスマルクの名言「愚者は経験に学び、賢者は歴史に学ぶ」である。


さてこの「日本史上最強のビジネスマン」の風貌だが、身長は一五七センチ少々、色白で丸顔、小太り。同時代の岩崎弥太郎や浅野総一郎といった商魂たくましそうな財界人とは異なり、一見して茫洋《ぼうよう》とした印象だ。

一九六三（昭和三八）年の新千円札採用の際、肖像の候補に挙がったが、顔に特徴がなく髭《ひげ》もないため偽造されやすいという理由で伊藤博文に軍配が上がった。

今回の新一万円札では偽造防止の最新技術である3Dホログラムまで導入されている。このことが、渋沢栄一が復活した背景にあるのかもしれない。

一方で無限の体力の持ち主であり、徹夜でトランプなどに興じた。みながへばってくる夜明け近くに粘り勝ちを見せ始め、ニコニコ笑顔になることから「明けの大黒様」という異名を取った。大変な艶福家《えんぷくか》でもあった。

人の話をよく聞き、間違ったと思ったら君子豹変《くんしひょうへん》することを恥としなかった。新知識の吸収に熱心であるだけでなく、実践することを心がけた。社会貢献を第一に考え、女性関係以外の道徳に厳しく、弱者に優しく、国際平和を旨とし、情に流されない理知の人であった。

その彼が今回、新一万円札の顔になるのは実に喜ばしい。

そもそも企業は社会の公器である。国富を生みだし、働く者を成長させ、雇用を生むと同時に家庭を支え、次代を担う子どもたちを育くんでいく。社会の再生産システムと言っていい。

それほど重要な分野であるにもかかわらず、ビジネスマンはこれまで紙幣の肖像に採用されてこず、士農工商の発想がまだ残っているのではないかと勘ぐりたくなるほどだったからだ。

そして今般、渋沢栄一講述・修養団本部編著『至誠と努力』を、二〇二一（令和三）年に奥野宣之氏が超訳した本書が、新一万円札の発行を記念して文庫化されるのはさらに意義深いことである。

『至誠と努力』の「至誠」とは、社会起業家としての渋沢の志の高さそのものだ。

だがそこに「努力」がなかったはずはない。あまり知られていないが、彼は何度も事業で挫折しそうになっている。

最初に手がけた事業であり、彼の代名詞ともなっている第一銀行でさえ、設立した直後に主要株主の小野組や島田組が倒産して経営危機に陥っている。

次に手がけた製紙事業では政府の裏切りにあった。政府からの要請でこの事業に乗り出したにもかかわらず、渋沢の勢力伸長をこころよく思わなかった三菱の岩崎弥太郎が暗躍し、なんと渋沢の製紙工場の横に国営の製紙工場が建設されたのだ。

精糖事業でも、彼の知らない間に政界工作のための贈収賄が行われていたことが判明し、世間の非難を浴び、株主総会でつるし上げにあっている。

彼は無人野を行くがごとくに事業を起こしていったわけではない。そこには血のにじむような「努力」が隠されていたのである。

原本である『至誠と努力』は、渋沢の講演録を修養団という団体がまとめて一九一五（大正四）年に発刊されたものである。

修養団は一九〇六（明治三九）年、東京府師範学校（現在の東京学芸大学）出身の蓮沼門三《はすぬまもんぞう》が設立した。勤勉や胆力の錬成など精神の修養を目指し、現在でも公益財団法人修養団（略称ＳＹＤ）として存続している。

修養団の転機は設立三年目の一九〇九（明治四二）年に訪れた。この時、蓮沼は長大なる手紙をしたため、渋沢との面会を果たしたのだ。

これを機に渋沢は修養団の絶大なる支援者となり、資金援助を行ったほか、後援会会長として政財界の主要メンバーに支援を依頼。修養団にとって最大の恩人と言っていいだろう。

この本は、そうした彼らの渋沢に対する尊敬の気持ちが裏打ちされた愛情深い一冊なのだ。

だが、どうしても寄せ集め感が強い。今のようにワープロで簡単にコピペできない時代の産物だ。これを奥野氏は上手に編集し直している。たとえば原本は修養団の編集らしく「人生論」からはじまっているが、本書では「人生論」は最後の締めの位置づけになっている。加えて「人生論」一つとっても項目の順番を変えており、工夫の跡がうかがえる。

そのため本書は、原本よりはるかに読みやすいものに生まれ変わっているのだ。

原本の『至誠と努力』が発刊された一九一五（大正四）年は渋沢が七五歳。一〇月にはサンフランシスコ万国博覧会のため渡米し、ウィルソン米大統領と会見するなど、日米友好のために老骨にむち打って奮闘していた頃である。

渋沢は九一歳の長寿を保ち、一九三一（昭和六）年一一月一一日午前一時五〇分、飛鳥山の自邸にて永眠する。国家にその身を捧げ尽くした生涯であった。

翌年三月二六日、修養団は神宮外苑の日本青年会館において渋沢栄一の追悼会を開催している。

偉人に学ぶことは、この国の創業の精神に立ち返ることであり、自分を謙虚にする。

最後に、原書の冒頭、『中庸』の言葉が掲げられていることを紹介して擱筆としたい。

――禍福将至、善必先知之、不善必先知之。故至誠如神
（書き下し文　禍福まさに至らんとするや、善必ず先ずこれを知り、不善必ず先ずこれを知る。故に至誠は神の如し）

（現代語訳　禍福が差し迫ろうとする時、（至誠なる聖人は）善をまず必ず知り、不善についても必ず知ることができる。故に至誠は誠に神のようなものである）

資料

渋沢栄一年譜

出典：公益財団法人 渋沢栄一記念財団

西暦	和暦	年齢	主なできごと	日本と世界の動き
1840	天保11年	0	2月13日、現在の埼玉県深谷市血洗島に生まれる。	アヘン戦争勃発
1847	弘化4年	7	従兄尾高惇忠から漢籍を学ぶ。	
1854	安政1年	14	家業の畑作、養蚕、藍問屋業に精励。	
1858	安政5年	18	従妹ちよ（尾高惇忠の妹）と結婚。	日米修好通商条約、安政の大獄
1863	文久3年	23	高崎城乗っ取り、横浜焼き討ちを企てるが、計画を中止し京都に出奔。	井伊大老暗殺（1860）
1864	元治1年	24	一橋慶喜に仕える。	外国艦隊下関を砲撃
1865	慶応1年	25	一橋家歩兵取立御用掛を命ぜられ領内を巡歴。	

西暦	和暦	年齢	事項	社会の出来事
1866	慶応2年	26	徳川慶喜、征夷大将軍となり、栄一は幕臣となる。	長州征伐、薩長同盟
1867	慶応3年	27	徳川昭武に従ってフランスへ出立(パリ万博使節団)。	大政奉還、王政復古
1868	明治1年	28	明治維新によりフランスより帰国、静岡で慶喜に面会。	戊辰戦争(1868～1869)
1869	明治2年	29	静岡藩に「商法会所」設立。明治政府に仕え、民部省租税正となる。民部省改正掛掛長を兼ねる。	東京遷都 東京・横浜間に電信開通
1870	明治3年	30	官営富岡製糸場設置主任となる。	平民に苗字使用許可
1871	明治4年	31	紙幣頭となる。『立会略則』発刊。	廃藩置県
1872	明治5年	32	大蔵少輔事務取扱。抄紙会社設立出願。	新橋、横浜間鉄道開通
1873	明治6年	33	大蔵省を辞める。第一国立銀行開業・総監役。抄紙会社創立(後に王子製紙会社・取締役会長)。	国立銀行条例発布 地租改正条例布告
1874	明治7年	34	東京府知事より共有金取締を嘱託される。	

西暦	和暦	年齢	主なできごと	日本と世界の動き
1875	明治8年	35	第一国立銀行頭取。 商法講習所創立。	
1876	明治9年	36	東京会議所会頭。 東京府養育院事務長（後に院長）。	私立三井銀行開業
1877	明治10年	37	択善会創立（後に東京銀行集会所・会長）。 王子西ヶ原に別荘を建てはじめる。	西南戦争
1878	明治11年	38	東京商法会議所創立・会頭 （後に東京商業会議所・会頭）。	
1879	明治12年	39	グラント将軍（元第18代米国大統領）歓迎会 （東京接待委員長）。	
1880	明治13年	40	博愛社創立・社員（後に日本赤十字社・常議員）。	
1882	明治15年	42	ちよ夫人死去。	日本銀行営業開始

1883	明治16年	43	大阪紡績会社工場落成・発起人（後に相談役）。伊藤かねと再婚。	鹿鳴館開館式
1884	明治17年	44	日本鉄道会社理事委員（後に取締役）。	華族令制定
1885	明治18年	45	日本郵船会社創立（後に取締役）。東京養育院院長。東京瓦斯会社創立（創立委員長、後に取締役会長）	内閣制度制定
1886	明治19年	46	「竜門社」創立。東京電灯会社設立（後に委員）。	
1887	明治20年	47	日本煉瓦製造会社創立・発起人（後に取締役会長）。帝国ホテル創立・発起人総代（後に取締役会長）。	
1888	明治21年	48	札幌麦酒会社創立・発起人総代（後に取締役会長）。東京女学館開校・会計監督（後に館長）。	
1889	明治22年	49	東京石川島造船所創立・委員（後に取締役会長）。	大日本帝国憲法公布
1890	明治23年	50	貴族院議員に任ぜられる。	第一回帝国議会
1891	明治24年	51	東京交換所創立・委員長。	

西暦	和暦	年齢	主なできごと	日本と世界の動き
1892	明治25年	52	東京貯蓄銀行創立・取締役（後に取締役会長）。	日清戦争勃発（1894）
1895	明治28年	55	北越鉄道会社創立・監査役（後に相談役）。 日本精糖会社創立・取締役。	日清講和条約調印
1896	明治29年	56	第一国立銀行が営業満期により第一銀行となる。引続き頭取。 日本勧業銀行設立委員。	
1897	明治30年	57	澁澤倉庫部開業（後に澁澤倉庫会社・発起人）。	金本位制施行
1900	明治33年	60	日本興業銀行設立委員。男爵を授けられる。	
1901	明治34年	61	日本女子大学校開校・会計監督。（後に校長） 東京・飛鳥山邸を本邸とする。	
1902	明治35年	62	兼子夫人同伴で欧米視察。 ルーズベルト大統領と会見。	日英同盟協定調印

1904	明治37年	64	風邪をこじらせ長期に静養。	日露戦争勃発
1906	明治39年	66	京阪電気鉄道会社創立・創立委員長（後に相談役）。 東京電力会社創立・取締役。	鉄道国有法公布
1907	明治40年	67	帝国劇場会社創立・創立委員長（後に取締役会長）。	恐慌、株式暴落
1908	明治41年	68	アメリカ太平洋沿岸実業家一行招待。	
1909	明治42年	69	多くの企業・団体の役員を辞任。 渡米実業団を組織し団長として渡米。 タフト大統領と会見。	
1910	明治43年	70	政府諮問機関の生産調査会創立・副会長。	日韓併合
1911	明治44年	71	勲一等に叙し瑞宝章を授与される。	
1912	大正1年	72	ニューヨーク日本協会協賛会創立・名誉委員長。 帰一協会成立。	
1913	大正2年	73	日本結核予防協会創立・副会頭。（後に会頭） 日本実業協会創立・会長。	

西暦	和暦	年齢	主なできごと	日本と世界の動き
1914	大正3年	74	日中経済界の提携のため中国訪問。	第一次世界大戦勃発
1915	大正4年	75	パナマ運河開通博覧会のため渡米。ウイルソン大統領と会見。	
1916	大正5年	76	第一銀行の頭取等を辞め実業界を引退。日米関係委員会が発足・常務委員。	
1917	大正6年	77	日米協会創立・名誉副会長。	事実上の金本位停止
1918	大正7年	78	渋沢栄一著『徳川慶喜公伝』（竜門社）刊行。	
1919	大正8年	79	協調会創立・副会長。	ヴェルサイユ条約調印
1920	大正9年	80	国際連盟協会創立・会長。子爵を授けられる。	株式暴落（戦後恐慌）
1921	大正10年	81	排日問題善後策を講ずるため渡米。ハーディング大統領と会見。	

1923	大正12年	83	大震災善後会創立・副会長。	関東大震災
1924	大正13年	84	日仏会館開館・理事長。 東京女学館・館長。	米国で排日移民法成立
1926	大正15年	86	日本太平洋問題調査会創立・評議員会長。 日本放送協会創立・顧問。	
1927	昭和2年	87	日本国際児童親善会創立・会長。 日米親善人形歓迎会を主催。	金融恐慌勃発
1928	昭和3年	88	日本航空輸送会社創立・創立委員長。 日本女子高等商業学校発起人。	
1929	昭和4年	89	中央盲人福祉協会創立・会長。	世界大恐慌はじまる
1930	昭和5年	90	海外植民学校顧問。	金輸出解禁
1931	昭和6年	91	11月11日永眠。	満州事変

本書は一九一五年（大正四年）に刊行された『至誠と努力』（栄文館書房）より、「令和の時代に伝えたい渋沢栄一の仕事観・人生観」という視点で項目を精選。超訳し、平易な表現にして、見出しや注釈（※）などを加えて、二〇二一年（令和三年）に小社より刊行した単行本を文庫化したものです。なお本書中、今日の観点から観ると不適切な表現が一部にありますが、著者の考え方と執筆当時の時代相を伝えるものとして定本を尊重いたしました。

編集部

実業之日本社文庫 し62

抄訳《しょうやく》 渋沢栄一《しぶさわえいいち》『至誠《しせい》と努力《どりょく》』
人生《じんせい》と仕事《しごと》、そして富《とみ》についての私《わたし》の考《かんが》え

2024年6月15日　初版第1刷発行

著者　渋沢栄一《しぶさわえいいち》／編訳　奥野宣之《おくののぶゆき》

発行者　岩野裕一
発行所　株式会社実業之日本社
〒107-0062　東京都港区南青山6-6-22 emergence 2
電話［編集］03(6809)0473［販売］03(6809)0495
ホームページ　https://www.j-n.co.jp/

ＤＴＰ　ラッシュ
印刷所　大日本印刷株式会社
製本所　大日本印刷株式会社

フォーマットデザイン　鈴木正道（Suzuki Design）
編集協力　アップルシード・エージェンシー

ISBN978-4-408-55899-8（第二書籍）